中国银行业百佳、千佳及星级品牌网点创建指南

（第二版）

周永发 著

- 银行旗舰网点打造之指引
- 银行网点标准化建造之工具书
- 银行业百佳、千佳及星级品牌网点考评标准168条之权威讲解
- 银行业营业网点服务水平与竞争力提升之力作

中国金融出版社

责任编辑：刘　钊
责任校对：刘　明
责任印制：裴　刚

图书在版编目（CIP）数据

中国银行业百佳、千佳及星级品牌网点创建指南/周永发著. —2 版. —北京：中国金融出版社，2020.5
ISBN 978 − 7 − 5220 − 0567 − 6

Ⅰ.①中…　Ⅱ.①周…　Ⅲ.①银行—商业服务—中国—指南
Ⅳ.①F832.1 − 62

中国版本图书馆 CIP 数据核字（2020）第 052945 号

中国银行业百佳、千佳及星级品牌网点创建指南（第二版）
Zhongguo Yinhangye Baijia, Qianjia ji Xingji Pinpai Wangdian Chuangjian Zhinan（Di-er Ban）

出版
发行　**中国金融出版社**

社址　北京市丰台区益泽路 2 号
市场开发部　（010）66024766，63805472，63439533（传真）
网 上 书 店　http：//www. chinafph. com
　　　　　　（010）66024766，63372837（传真）
读者服务部　（010）66070833，62568380
邮编　100071
经销　新华书店
印刷　北京侨友印刷有限公司
尺寸　169 毫米×239 毫米
印张　19.5
字数　300 千
版次　2020 年 5 月第 1 版
印次　2020 年 5 月第 1 次印刷
定价　78.00 元
ISBN 978 − 7 − 5220 − 0567 − 6
如出现印装错误本社负责调换　联系电话(010)63263947

中国银行业百佳、千佳及星级品牌网点颁奖活动掠影

中国银行业协会服务总监周永发宣读"中国银行业文明规范服务百佳示范单位"及星级网点等先进单位和个人的表彰决定

周永发总监为中国银行业文明规范服务百佳示范单位颁奖并合影留念

周永发总监为中国银行业文明规范服务"明星大堂经理"颁奖并合影留念

中国银行业百佳、千佳及星级品牌网点颁奖活动掠影

周永发总监宣读"中国银行业文明规范服务千佳示范单位"等先进单位的表彰决定

周永发总监为中国银行业文明规范服务千佳示范单位颁奖

周永发总监与获奖的千佳示范单位合影留念

组织开展行业品牌网点标准制定、考评验收等工作掠影

2011年，周永发副秘书长组织由各行服务专家组成的自律工作委员会议，讨论百佳、千佳及星级网点创建考评标准修订。审议"百佳示范单位"名单和星级网点名单等

周永发副秘书长就考评标准征求中残联代表意见。就百佳、千佳及星级网点创建标准执行情况，以及申报百佳、千佳及星级网点情况深入网点认真考评

组织营业网点百佳、千佳及星级品牌网点创建标准解读培训掠影

周永发副秘书长在中国银行业协会培训中心就百佳、千佳及星级网点创建标准给学员们进行详细解读培训

培训会场座无虚席，学员们不时用手机及时抓拍下想要的内容

学员们被生动鲜活的案例深深打动，诙谐幽默的授课引发阵阵笑声，
在轻松愉快的氛围中学到了银行服务理念，掌握了网点服务标准

前　言

网点效益一直是业内人士关心关注的焦点，也是我多年来执着研究的课题。研究发现，网点效益的提升，必须从服务入手。通过提高服务水平树口碑、树品牌；通过品牌赢得市场，增强竞争力，拓展业务；通过业务拓展产出效益。于是我决心带领我的团队共同创建中国银行业营业网点服务品牌——百佳、千佳及星级网点，在中国银行业协会领导的支持下，我带领协会自律部和各行服务专家开展品牌网点标准的制定，并进行百佳、千佳及星级营业网点等品牌的创建引领工作，先后到 300 多个银行营业网点现场进行检查验收与调研，查阅了大量文献资料。十年磨一剑，我与我的团队及众会员银行终于把百佳、千佳及星级营业网点做成了炙手可热的行业品牌与社会品牌。与此同时，一个梦想始终萦绕着我，就是把中国银行业文明规范服务百佳、千佳示范单位及星级营业网点等一系列服务品牌的打造创建，图文并茂地展现在广大读者面前，以引领网点不断改进服务，增强盈利能力。经过一年多的撰写，《中国银行业百佳、千佳及星级品牌网点创建指南》于 2018 年 6 月终于由中国金融出版社出版发行了，并深受广大读者喜欢。今年我又根据行业新标准 168 条重新进行了修订升级，诞生了《中国银行业百佳、千佳及星级品牌网点创建指南（第二版)》，第二次出版发行。消费升级、品牌锻造，这是时代的需要：一是人们对美好生活的向往与品牌消费的需要。二是银行生存的需要。目前全银行业有 4200 多家法人机构、22 万多个银行网点，市场竞争使银行网点面临巨大的生存压力。服务不好，银行可持续发展就难以为继。三是强监管下网点提升服务品质的需要。四是新时代供给侧结构性改革的需要。新时代建设中国特色社会主义要求银行在金融产品与金融服务供给方面要提高品质与效率。

品牌锻造，标准先行。现行的《银行业营业网点文明规范服务评价指标体系和评分标准》团体标准也不是一蹴而就的，而是经历了一个较长的过程，这应从 2006 年中国银行业协会制定出台《中国银行业文明服务公约》说起。当年依据《中国银行业文明服务公约》，全行业开展了文明规范服务示范单位评选，产生了首批 600 家银行文明规范服务示范单位，迈出了文明规范服务品牌建设的第一步。2008 年，为了加强品牌建设，中国银行业协会正式提出了银行业文明规范服务"千佳"示范单位品牌建设的概念，相继制定出台了《中国银行业文明规范服务示范单位管理办法》与《中国银行业文明规范服务示范单位考核标准》。依据办法和标准，产生了第一批 1000 个"千佳"示范单位，深受客户好评。2009 年，为了建设系列品牌，中国银行业协会又正式提出了银行业文明规范服务"百佳"示范单位品牌建设的概念，并制定出台了"百佳"创建评选标准，标准分为六大板块 65 条 100 分。经过激烈的角逐，诞生了行业最高级别网点服务品牌——100 个"百佳"示范单位。这次评审的最大特点是由过去的单纯评审转向了按行业标准创建打造。"百佳"这块金字招牌的诞生，立即获得了社会好评和客户的青睐，各大新闻媒体都进行了报道。"百佳"的诞生在行业内也产生了巨大的影响，为行业正面树起了一杆大旗，成为所有银行网点学习的最高标准示范单位与榜样。2014 年，为了巩固"百佳""千佳"服务品牌基础，扩大服务品牌广泛效应，中国银行业协会正式推出了营业网点星级管理评定活动，并整合修订评价标准统一制定下发了《中国银行业营业网点文明规范服务评价标准（CBSS1000）》（China Banking Service Standard），1000 分，190 条，作为百佳、千佳创建评选和星级（一星至五星）网点评定工作的考核评价标准，按考核打分成绩来决定"百佳""千佳"与星级品阶。2015 年与 2017 年又将 CBSS1000 分别升级为 2.0 版与 3.0 版评价体系。该标准体系分为十大模块，200 条。2018 年，中国银行业协会为了响应国务院《深化标准化工作改革方案》的号召，实现与国家标准化战略接轨，组织开展并完成了 CBSS1000 3.0 向团体标准转化的工作。2019 年 4 月又对 200 条行业评分标准进行了整合，下发了《中国银行业营业网点文明规范服务评价指标体系和评分标准》（2019 版），共九大模块，1000 分，168 条。第一模块，网点环境（45 分），讲的是服务场景，主要解决吸引客户和获得客户问题；第二模块，网点设施（180 分），讲的是服务设施，解决的是服务手段、服务信息，最终与客户建立信任关系问题；第三模块，服务功能（190 分），讲的是服务功能，解决的是服务产品和服务流程问题；第四模块，员工管理（165 分），讲的是员工，解决的是员工形象、员工培训、行为规范和服务技能问题；第五模块，岗位规范（160 分），讲的是岗位，解决的是规范服务问题；第六模块，服务制度（120 分），讲的是制度，解决的是制度建设与制度执行及服务固化问题；第七模块，服务文化（60 分），讲的是文化，解决的是以人为本、关爱员工、培养员工、激情燃烧，形成合力问题；第八模块，经营业绩（30 分），解决服务创造价值问题；第九模块，社会责任（50 分），讲的是社会责任，解决的是可持续发展问题。这九大模块是互相承接的循环关系，逻辑十分严密，如下图所示。

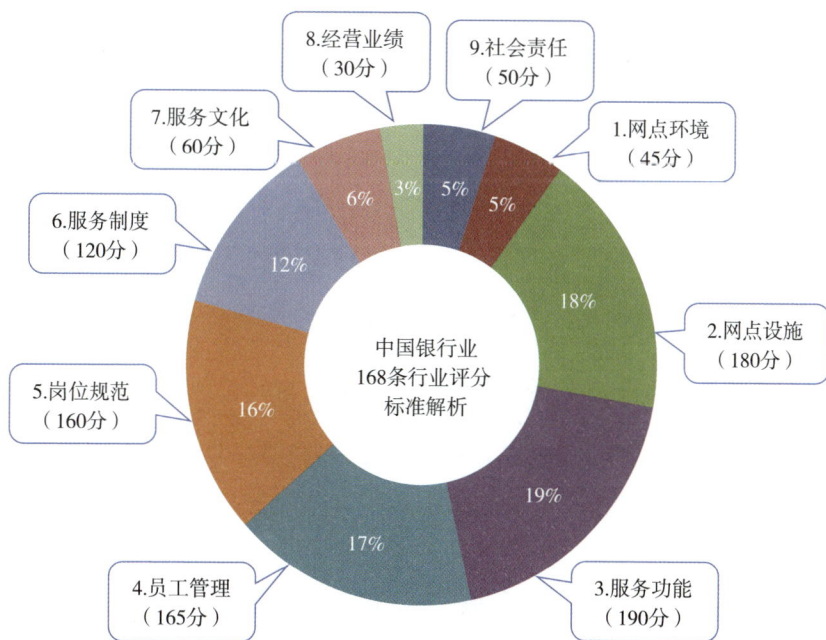

按照 168 条行业评分标准，测评分数达到 980 分以上者具备百佳营业网点申报资格；960 分以上者具备千佳营业网点申报资格；950 分以上者具备五星级营业网点申报资格；900 分以上者具备四星级营业网点申报资格；850 分以上者具备三星级营业网点申报资格；800 分以上者具备二星级营业网点申报资格；750 分以上者具备一星级营业网点申报资格。顺便说一句，这 168 条中不少条款被金标委采用，本人也参与了金标委所定标准的讨论。

这版评分标准的突出特点，一是充分体现"以人为本""以客户为中心"的服务思想与理念，更加凸显了消费者权益保护和监管的要求。二是更重视引导网点服务功能及服务渠道改造、网点柜面服务与效率的提升，促进文明规范服务与银行本身经营业绩有机结合。三是强调网点更多地从客户的角度出发，注重客户体验。四是突出强化引导网点向互联网金融和大数据智能化服务及手机银行发展，使线上业务与线下业务完美结合。五是强调基层党建工作要引领经营发展。

依据上述标准体系创建打造的银行业服务品牌已经形成体系。一星、二星、三星、四星、五星级银行网点是基础，其面较广。星级网点一经评定，若无重大恶性事件则定级永久有效。之上是千佳，千佳之上是百佳。千佳和百佳设定了有效期，均为 4 年。银行业文明规范服务品牌体系如下图所示。

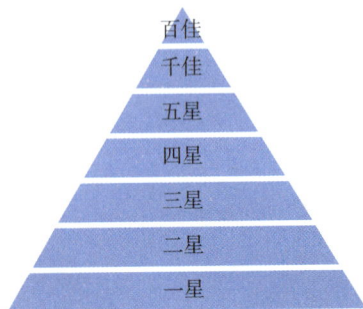

百佳
千佳
五星
四星
三星
二星
一星

一星至五星级网点评定数量由行业协会每年按比例控制，一般而言，其数量也呈金字塔形分布，一星至五星级量的变化是由大渐渐变小。一星升二星，二星升三星，三星升四星，四星升五星，逐次递升，不能跨级。

每年在协会年检中不达标者会降星。在取得五星资格基础上申报千佳，在取得千佳资格基础上方可申报百佳。百佳每两年评选一次，千佳也每两年评选一次，交替进行。一般单数年进行百佳创建评选和星级网点评定，双数年进行千佳创建评选和星级网点年检。

品牌网点效益示范明显。一是在社会效益方面，根据中国消费者协会对银行服务消费者满意度独立进行的测评，十年来，银行服务消费者满意度每年平均以 2 分的速度持续上升，目前已超越 80 分，在全社会服务行业中处于良好水平。品牌网点获得了客户很多表扬、锦旗等。在对残障人士服务方面还获得了国务院嘉奖。文明规范服务口碑与良好的社会形象树起来了，百佳、千佳、星级网点等服务品牌正在成为其他服务行业的学习典范。二是在银行效益方面，银行网点以百佳、千佳和星级营业网点品牌创建为抓手，大抓渠道流程建设、推进产品创新，强化人文关怀。队伍战斗力加强了，员工精神面貌甚佳，服务激情高涨，"以客户为中心"的服务意识和服务水平提高了，客户群体迅速增加，业务快速扩展，经济效益显著提升。尤其体现在存款与中收增长方面，效果明显。很多百佳、千佳品牌网点人均创利已超越 500 万元，甚至有的百佳、千佳品牌网点人均创利已逾 1000 万元。百佳、千佳和星级营业网点等服务品牌正在实实在在地转化为生产力，并提升效益。

《中国银行业百佳、千佳及星级品牌网点创建指南（第二版）》对 168 条行业评分标准逐条进行了接地气的讲解，引用了大量网点优秀经典案例以及网点硬件与软件建设图片。力图把每一模块的宗旨目的、每一条标准的具体理解执行详细诠释与解析出来，深入浅出地给读者一个清晰的认识和直观感受。每一条标准都通过图片进行了标准示范与样板展现，共用了 680 多张示范图片。需要说明的是，每条标准的分值分布、打分点与扣分点以及扣分情况，都是我历次到网点考评时的实际操作情况。根据中国银行业协会 2019 年版打分表，168 条标准共 520 个打分点全部展现出来了，往后每年可能会有微调，但八九不离十。每条标准结尾的"温馨提示"，是我长期从事网点服务管理工作经验的分享。

《中国银行业百佳、千佳及星级品牌网点创建指南（第二版）》面向营业网点和广大从业人员以及社会各界，融专业性、知识性、创新性、实用性及标准化为一体，内容全面、数据翔实、信息量大、覆盖面广。对行业范围百佳、千佳、星级品牌旗舰网点打造，对单家银行系统内优秀品牌网点打造与评选，以及银行营销等都具有较强的指导作用和参考价值。

周永发

2020 年 4 月

目 录

本模块由外部环境、内部环境两部分组成，共 9 条标准。主要引导网点建造一个良好的硬件环境，银行网点良好的环境设置、环境维护与管理可以使客户与员工对网点的硬件都有一个良好的体验，一方面可以起到招揽和获客的作用，另一方面也可以增加员工对网点的认同感。本模块共45 分，各部分分值详见下表。

网点环境（45 分）	
1.1 外部环境	25 分
1.2 内部环境	20 分

1.1　外部环境

主要标准与分值

	外部环境（25 分）	
1	网点外部设置门楣招牌、机构名称牌、营业时间牌（区分工作日和节假日、对公与对私业务）、24 小时自助服务标牌和外币兑换标识，位置醒目，制作规范，中英文对照。	6
2	网点外部管辖区域环境整洁，无卫生死角、杂物摆放、乱喷涂、乱张贴、污渍，无安全隐患。	4
3	网点对外宣传载体营业时间内正常工作，展示时间、内容、形式符合法律法规及监管规定，无过期宣传内容。	5
4	提供客户机动车停车位服务，据实设置非机动车停车区或无障碍停车位；网点外设置无障碍通道或相当功能服务设施，符合《银行无障碍环境建设标准》，无安全隐患，通行顺畅，便于使用；公示求助电话或设置呼叫按钮，标识醒目，确保响应及时。	6
5	24 小时自助服务区域与营业厅内部连通或在同一建筑内。	4

1 网点外部设置门楣招牌、机构名称牌、营业时间牌（区分工作日和节假日、对公与对私业务）、24 小时自助服务标牌和外币兑换标识，位置醒目，制作规范，中英文对照。

标准示范：

网点外部设置了醒目的门楣招牌，制作规范统一，中英文对照，清洁、无污渍、无破损。门楣招牌白天黑夜都醒目。

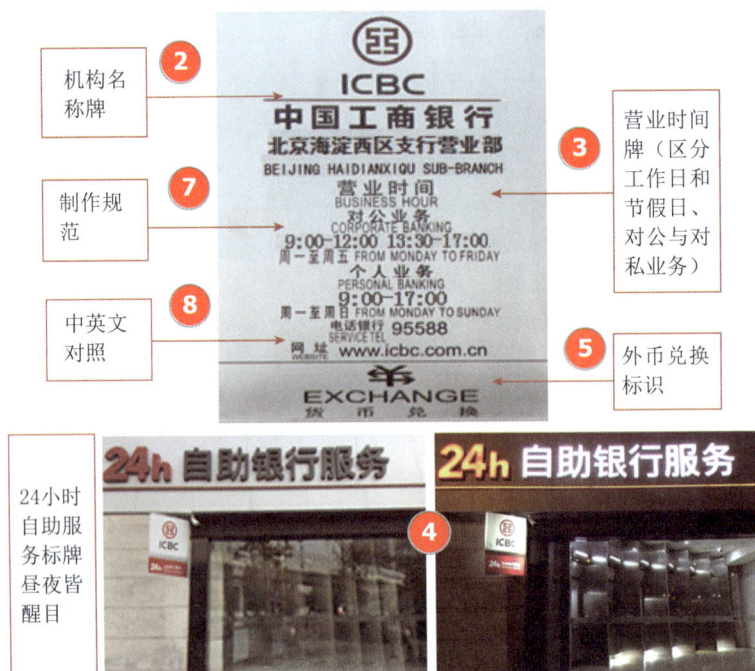

机构名称牌

制作规范

中英文对照

营业时间牌（区分工作日和节假日、对公与对私业务）

外币兑换标识

24小时自助服务标牌昼夜皆醒目

分值：6分。

分值分布（分）：

（1）网点外设置醒目的门楣招牌（0.5）；

（2）机构名称牌（0.5）；

（3）营业时间牌（区分工作日和节假日、对公与对私业务）（1）；

（4）24小时自助服务标牌（0.5）；

（5）外币兑换标识（0.5）；

（6）位置醒目（1）；

（7）制作规范（1）；

（8）中英文对照（1）。

考评方法：现场查看。

扣分点：（2）（5）（7）。

以往扣分情况如下：

（2）标牌长期风尘和雨水浸泡产生字体脱落、褪色、尘封，污渍影响了美观；不少网点牌匾是铜质的，年久发黑或生绿锈；有的是合金做的，年久发暗；机构名称牌匾表面有划痕、裂口，有的字迹脱落、褪色；

（5）网点因无外汇业务，故无外币兑换标识；

（7）网点机构名称牌匾制作悬挂不规范，有的分为三块：网点名称牌匾一块、时间牌匾一块、外币兑换牌匾一块，三块牌匾各放一边，有的网点还有其他牌匾随意悬挂，不规范、不整齐，且机构牌匾无中英文对照。

以下情形便会扣减相应分值：左图牌匾字迹脱落、褪色，下端牌子污损，标牌悬挂不规范、杂乱无章。这种状况毫无美感，甚至给人一种负面的感觉，给人的印象是这个网点的服务水平值得怀疑，至少不是一个品牌网点。右图营业牌与"禁放单位"牌子紧紧摆放在一起，牌匾尺寸大小还不一样，感觉很乱。如下图所示。

需要说明的是，以上扣分点不是全部集中在某一个网点，而是指网点往往在这些点上被扣分，如A网点可能在第（2）点上被扣分，B网点可

能在第（5）点上被扣分，C 网点可能在第（7）点上被扣分。在往后的所有条款中扣分的情形也一样，不再逐条说明。

> **温馨提示**
>
> 　　网点物理形象体现了一家银行的价值观、服务意识、文化特色、经济实力和对客户的尊重程度。门楣招牌是客户对银行物理网点的第一感知，因此，门楣招牌要符合银行统一文化规范要求。门楣招牌就好比人的脸，应随时保持清洁干净，容貌整齐。机构名称牌匾最好整合，制作规范，保持清洁，无破损及无污渍；标识标牌尽量集中悬挂，统一整齐。此外，名称牌匾最好别与其他性质的牌匾挂在一起。并定期更换，保持其色彩与品质处于良好状态。物理意义上的"牌子"也需要"树"才立得起来，叫"树牌子"。

2 　网点外部管辖区域环境整洁，无卫生死角、杂物摆放、乱喷涂、乱张贴、污渍，无安全隐患。

标准示范：

网点外部管辖区域环境整洁

无卫生死角、杂物摆放

无乱喷涂、乱张贴、污渍

无安全隐患

分值：4分。

分值分布（分）：

（1）网点外部管辖区域环境整洁（1）；

（2）无卫生死角、杂物摆放、乱喷涂、乱张贴、污渍（1）；

（3）无安全隐患（2）。

考评方法：现场查看。

扣分点：（1）（2）。

以往扣分情况如下：

（1）网点在大门口置放垃圾桶，垃圾装满了垃圾桶未及时清理，地面和台阶有纸屑、烟头等垃圾，地面或台阶破损影响环境整洁美观；

（2）网点在外部管辖区域置放绿植因浇水渗漏形成污渍或外墙长期雨水淤积形成污渍死角。

以下情形便会扣减相应分值：左图台阶破损；右图台阶虽未破损但所贴"小心台阶"标识破损，不美观，影响网点形象。如下图所示。

温馨提示

外部环境应保持整洁，不乱堆乱放，大门口尽量别摆放开口的垃圾桶，门口若有垃圾应及时清理，做好死角的卫生。不乱摆放展示架等，若一定需要摆放展示架或易拉宝则不宜多，且位置得当，不影响客户行走。及时修补外墙、室外地面、台阶等各处破损；若地面因种种原因不好修补，可考虑局部铺设室外专用防雨化纤地毯；若破损处靠近建筑物墙根或墙角，则可添置不易搬动的绿植加以美化。及时清除外墙头和玻璃门窗上的小广告、喷涂和各种污渍。各种标识字迹脱落的应及时修补更新；遇到雨雪天应有必要的安全防范措施，如及时清理地面水渍，置放防滑垫、"小心地滑"牌子等，消除安全隐患，防止客户不慎摔倒。

3　网点对外宣传载体营业时间内正常工作，展示时间、内容、形式符合法律法规及监管规定，无过期宣传内容。

标准示范：

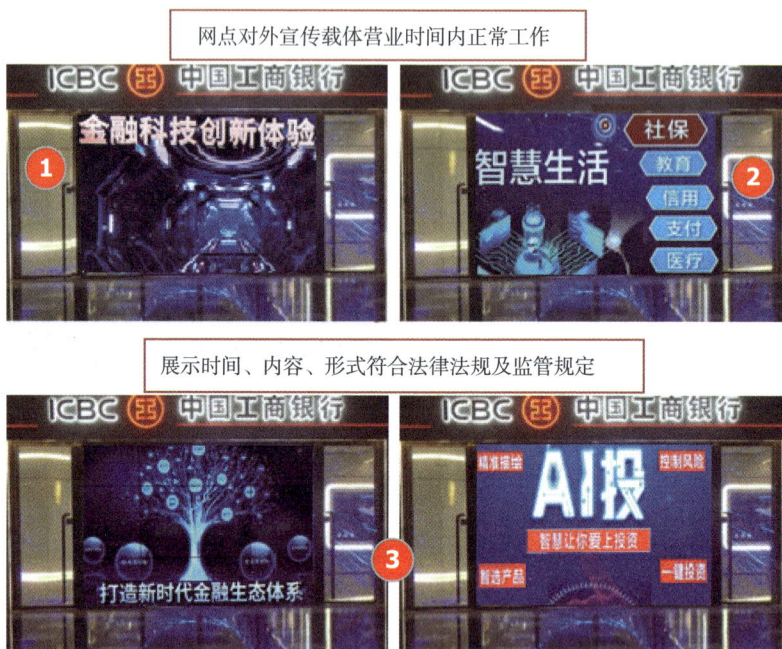

网点对外宣传载体营业时间内正常工作

展示时间、内容、形式符合法律法规及监管规定

分值： 5分。

分值分布（分）：

（1）网点对外宣传载体营业时间内正常工作（2）；

（2）展示时间、内容、形式符合法律法规及监管规定（2）；

（3）无过期宣传内容（1）。

考评方法： 现场查看。

扣分点： （1）。

以往扣分情况如下：

（1）网点对外未设置电子显示屏、宣传橱窗、电子宣传屏等宣传载体，或对外宣传载体不能正常工作。

以下情形便会扣减相应分值：左图自助银行夜间灯箱不亮；右图夜间有的字母灯亮，有的不亮，不美观，影响网点形象，不符合品牌网点要求。如下图所示。

温馨提示

　　对外宣传显示屏、宣传橱窗、电子宣传屏或广告灯箱等宣传载体应完整无缺、干净整洁、显示规范，主题突出，要有亮点。宣传内容应适时更新，有的宣传橱窗是纸质媒介，更应注意适时更新内容，若更新不及时容易过期。夜间灯箱、屏显、标识等对外宣传媒介要确保正常使用，清晰明亮、正常发光，LED灯显示正常，不能部分灯箱亮而部分灯箱不亮，或中文（英文）字词的某些偏旁字母亮，而一些偏旁字母不亮，不能字迹脱落等。

4 提供客户机动车停车位服务，据实设置非机动车停车区或无障碍停车位；网点外设置无障碍通道或相当功能服务设施，符合《银行无障碍环境建设标准》，无安全隐患，通行顺畅，便于使用；公示求助电话或设置呼叫按钮，标识醒目，确保响应及时。

标准示范：

按《银行无障碍环境建设标准》，无障碍机动车停车位长度为6.0m，宽度为2.5m+1.2m轮椅通道

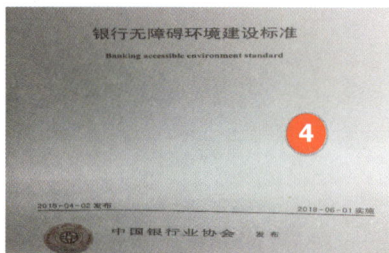

分值：6分。

分值分布（分）：

（1）提供客户机动车停车位服务（1）；

（2）据实设置非机动车停车区或无障碍停车位（1）；

（3）网点外设置无障碍通道或相当功能服务设施（1）；

（4）符合《银行无障碍环境建设标准》（1）；

（5）无安全隐患（0.5）；

（6）通行顺畅，便于使用（0.5）；

（7）公示求助电话或设置呼叫按钮，标识醒目（0.5）；

（8）确保响应及时（0.5）。

考评方法：现场查看。

扣分点：（1）（2）（4）（7）（8）。

以往扣分情况如下：

（1）未提供客户机动车停车位服务，也未借助附近公共停车场给客户提供车位服务；

（2）未设置非机动车停车区或无障碍停车位；

（4）无障碍通道的坡度、长度、宽度及扶手等设施不符合《银行无障碍环境建设标准》；

（7）未设置求助电话或呼叫按钮；

（8）求助电话或呼叫按钮响应不及时，或就是个摆设。

温馨提示

　　机动车位若无太多地方设置，也要尽量设几个；非机动车及无障碍车位至少要有一个，且无障碍车位的地面应平整、防滑、不积水，与相邻车位之间应按规定尺寸留出足够的轮椅通道；各停车区位标识要清晰可辨。国务院已明文要求公共场所加强无障碍设施建设，无障碍通道要与网点大门及（或）自助银行相连。无障碍通道等服务设施建设应按《银行无障碍环境建设标准》要求进行，轮椅坡道与休息平台的扶手应保持连续、坚固、耐用；如轮椅坡道距银行营业网点的出入口较远，应设置带指示方向的无障碍标志牌。

《银行无障碍环境建设标准》对轮椅坡道设置要求如下：

一是要求设计成直线形、直角形或折返形。如下图所示。

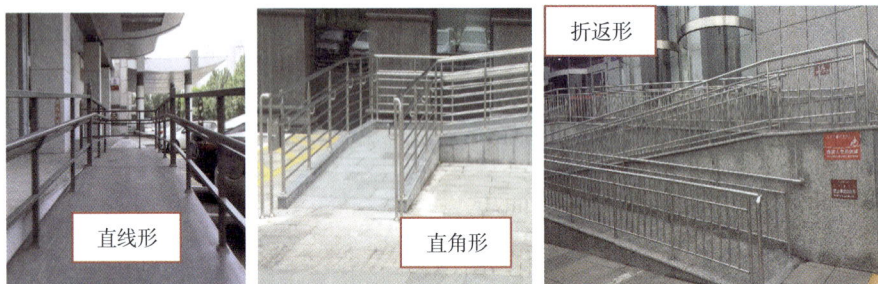

折返形

直线形

直角形

二是室外坡道净宽度不小于 1.2m，室内坡道净宽度不小于 1.0m。如下图所示。

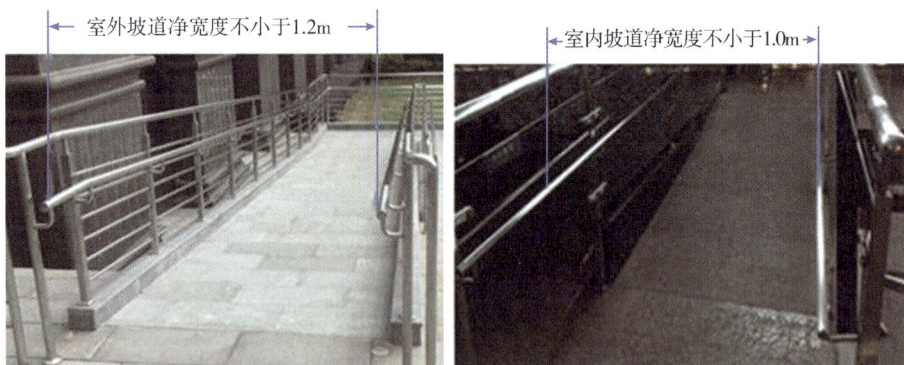

室外坡道净宽度不小于1.2m

室内坡道净宽度不小于1.0m

三是轮椅坡道的坡度不应大于 1：12。如下图所示。

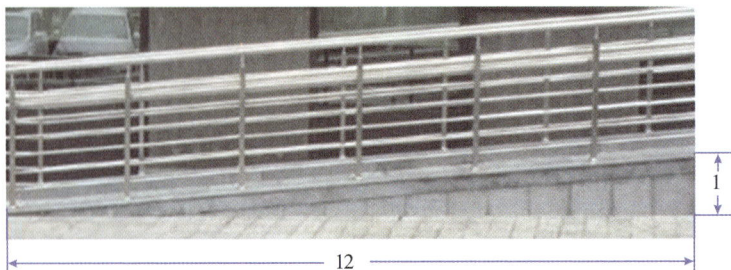

1

12

四是当坡道水平长度超过9m时，中间应设休息平台。如下图所示。

五是坡道起点、终点和中间休息平台的水平长度不应小于1.5m。如下图所示。

六是坡道两侧应设双层扶手，上层扶手高度应为900mm，下层扶手高度应为700mm。如下图所示。

另外，有的网点外部台阶太高，确实不便建上述无障碍通道，则可采用升降平台解决问题。按照《银行无障碍环境建设标准》，升降平台可分为垂直升降平台和斜向升降平台两种。垂直升降平台宽度不应小于900mm，深度不应小于1.20m，应设扶手、挡板及呼叫控制按钮。垂直升降平台的基坑应采用防止误入的安全防护措施，传送装置应有可靠的安全防护装置。升降平台应有专人负责维护保养，确保正常使用。如下图所示。

斜向升降平台的要求与垂直升降平台建设要求大体一致，请按《银行无障碍环境建设标准》执行，不再赘述。值得一提的是，在2019年中国银行业协会组织的百佳检查验收过程中，不少验收组都是带着尺子到现场测量无障碍通道的尺寸是否符合《银行无障碍环境建设标准》要求，因此，无障碍通道一定要按行业标准尺寸进行建造。

5 24 小时自助服务区域与营业厅内部连通或在同一建筑内。

标准示范：

自助服务区与营业厅内部连通，或在同一建筑内都方便大堂经理分流、引导客户

分值： 4 分。

分值分布（分）：

（1）24 小时自助服务区域与营业厅内部连通（4）；

（2）或24小时自助服务区域与营业厅在同一建筑内（4）。

考评方法：现场查看。

扣分点：（2）。

以往扣分情况如下：

（2）网点自助服务区与营业厅内部未连通，也不在同一建筑内，大堂经理无法巡查。

> **温馨提示**
>
> 　　自助服务区与大厅分离式的网点最好是进行改造，让自助服务区与大厅连通，方便大堂工作人员分流与辅导客户及每天的巡视工作，或增加设施与服务，使分离式网点的自助服务区享受到连体式网点的大堂服务。注意，自助银行外部标识要规范、整洁、无污渍，灯箱正常工作，中英文对照。如下图所示。

1.2　内部环境

主要标准与分值

	内部环境（20分）	
6	网点设置提供现金、非现金、理财（代销）产品销售、电子银行、24小时自助服务、客户等候、贵宾服务、公众教育等服务的区域，布局合理。	9
7	显著位置设置服务区域引导牌或平面分布图，制作规范，指示方位、名称与各区域相对应；各服务区域设置标识，易于识别。	7

续表

内部环境（20 分）		
8	网点内部环境干净整洁，各区域温度适宜、空气清新、光线明亮，无嘈杂。	2
9	非对外营业区域有明显标识，办公楼与营业区域共享大厅的，在与办公区域互通处有明显提示。	2

6 网点设置提供现金、非现金、理财（代销）产品销售、电子银行、24 小时自助服务、客户等候、贵宾服务、公众教育等服务的区域，布局合理。

标准示范：

实现分区服务，布局合理

② 非现金服务区 NON-CASH
③ 理财服务区 FINANCE SERVICE
① 现金服务区 CASH BUSINESS
④ 电子智能银行区 E-BANKING SERVICE
⑥ 客户等候区 CUSTOMER
⑦ 贵宾服务（VIP）
⑨ 公众教育区 PUBLIC EDUCATION
⑧ 咨询引导区 ADVISORY GUIDE
⑤ 自助服务区 SELF-SERVICE

分值：9 分。

分值分布（分）：

（1）网点设置提供现金（1）；

（2）非现金（1）；

（3）理财（代销）产品销售（1）；

（4）电子银行（1）；

（5）24 小时自助服务（1）；

（6）客户等候（1）；

（7）贵宾服务（1）；

（8）公众教育等服务的区域（1）；

（9）布局合理（1）。

考评方法：现场查看。

扣分点：（4）（7）。

以往扣分情况如下：

（4）电子银行、智能银行及互联网金融缺乏，客户体验不好，使用不方便；

（7）无贵宾服务项目，或无贵宾服务专区。

温馨提示

　　具体各功能区如何布局，网点要根据业务发展需要和方便服务营销以及本行服务文化特色要求因地制宜地进行设计，做到方便、适用、美观即可。但从便捷性、安全性和客户动线上考虑，有几点须注意，一是大堂经理台应正对大门，以便大堂经理正面迎接进门的客户，正面迎接客户比侧面迎向客户对客户来讲要亲切很多；二是高柜（现金）区不要正对大门，以利于办理现金客户的私密保护，而低柜区可以面对大门；三是对公与零售宜分两端设置，自助银行区设于零售区一端，且外部无障碍通道应与自助银行区相连，确保特殊群体客户能24小时进入银行办理业务；四是理财和贵宾服务区尽量与现金服务区相邻，以便理财客户和贵宾客户办理现金业务；五是客户等候区的设计要考虑到舒适、现代、便捷（如茶杯等用品置放处）；六是便民服务区宜靠大门设置，方便客户使用；七是有条件的网点宜将贵宾业务或私人银行、咖啡银行业务等设置在二层及以上楼层，增加层次感和私密性。如下图所示。

7   显著位置设置服务区域引导牌或平面分布图，制作规范，指示方位、名称与各区域相对应；各服务区域设置标识，易于识别。

标准示范：

分值：7 分。

分值分布（分）：

（1）显著位置设置服务区域引导牌或平面分布图（1）；

（2）制作规范（1）；

（3）指示方位、名称与各区域相对应（2）；

（4）各服务区域设置标识（2）；

（5）易于识别（1）。

考评方法：现场查看。

扣分点：（1）（4）。

以往扣分情况如下：

（1）未设置服务区域引导牌或平面分布图；

（4）各服务区域未明显设置标识，或标识不显眼。

温馨提示

　　功能分区引导牌或平面分布图的制作应与大厅的装修浑然一体，制作规范、中英文对照，标识明确，符合本行文化特色，便于客户识别与到位办理业务。为了适用且美观，各区域标牌不必一定立于大厅地面，可悬挂于其相应区域上方大厅顶上，倒垂于适当位置，既方便视线，又美观大方（见标准示范）。还可设置成冷光源灯标。如下图所示。

8 网点内部环境干净整洁，各区域温度适宜、空气清新、光线

明亮，无嘈杂。

标准示范：

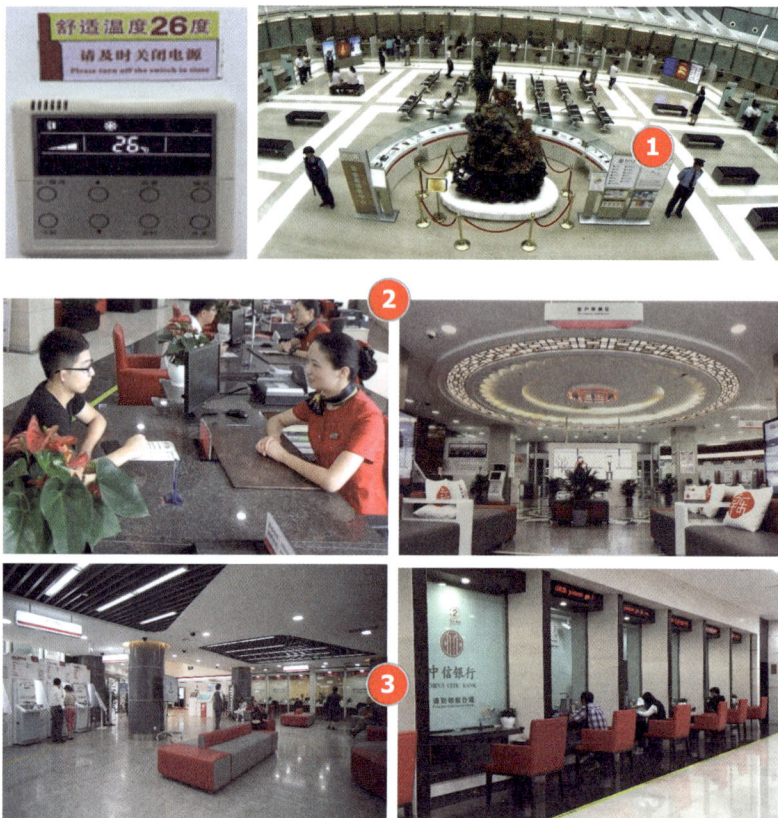

分值： 2分。

分值分布（分）：

（1）网点内部环境干净整洁（1）；

（2）各区域温度适宜、空气清新、光线明亮（0.5）；

（3）无嘈杂（0.5）。

考评方法： 现场查看。

扣分点： （1）（2）。

以往扣分情况如下：

（1）网点内纸屑、凭条散落在地；

（2）网点内光线暗淡。

以下情形便会扣减相应分值：为了净化空气，在大厅放置带刺绿植，如摆放仙人球、仙人掌、龙骨柱、天轮柱、霸王鞭等；在低柜上或理财室柜面上等摆放刺梅。因为这些带刺的植物容易刺伤客户或员工。如下图所示。

温馨提示

营业厅包括自助银行在内要始终保持环境舒适，温度适宜。在重要区域如客户活动区域、荣誉牌架周围、产品展示位置周边、贵宾理财区、低柜台面上、员工活动区、墙角墙边等摆放绿植花卉，对净化空气和美化环境很有好处。但不能摆放带刺的植物。这些植物应保持无枯死、无黄叶；绿植盆景内无烟蒂、纸屑等杂物，若发现有烟蒂、纸屑等杂物要及时清理。

9 非对外营业区域有明显标识，办公楼与营业区域共享大厅的，在与办公区域互通处有明显提示。

标准示范：

分值：2分。

分值分布（分）：

（1）非对外营业区域有明显标识（1）；

（2）办公楼与营业区域共享大厅的，在与办公区域互通处有明显提示（1）。

考评方法：现场查看。

扣分点：（2）。

以往扣分情况如下：

（2）网点营业区与办公楼内部办公区共享大厅，在与办公区互通处未设明显提示。

> **温馨提示**
>
> 　　大厅营业区与内部办公区互通处应设明显提示牌，并有员工关注与管理。这样可以避免客户误入办公区而引起不必要的误会。同时也是网点内部保持良好的办公秩序的需要。举个反例，有一家银行一层为网点营业厅，二层以上是总部办公区，在办公区与营业厅之间没有明显标识提示，也无人管理。于是，有一位卖刀的客户举着一把大菜刀闯入行长办公室问行长要不要买菜刀。

第二模块　　网点设施

本模块由服务设施、信息宣传和公示、环境安全三部分组成，共36条。主要引导网点建造优良的服务设施与服务平台，使客户与员工互动体验更好；通过及时、如实公示信息，使客户能与网点建立起友好的信任关系；通过强化安全建设，充分保障客户在网点的人身和财产安全，让客户放心地享用网点服务。本模块共180分，各部分分值详见下表。

网点设施（180分）	
2.1 服务设施	110分
2.2 信息宣传和公示	50分
2.3 环境安全	20分

2.1　服务设施

主要标准与分值

	服务设施（110分）	
10	网点设置满足业务需要的营业柜台（窗口），未使用的柜台（窗口）设置遮挡帘或摆放暂停服务牌。营业柜台（窗口）之间设置遮挡板等相当功能设施，形成相对独立的客户办理业务区域。营业窗口玻璃干净整洁、通透明亮。	9
11	营业窗口语音对讲装置正常工作，通话音量适中。柜员点验钞机显示清晰、无遮挡，监控可见。	3
12	设置理财（代销）产品销售专区（柜），配置包含"销售专区"（或"销售专柜"）、"录音录像"字样的明显标识。在该区域和公众教育、贵宾服务等区域的显著位置，以醒目字体提醒消费者可通过产品信息查询平台、网站或其他媒介了解产品相关信息，并进行明确的风险提示。	5

	服务设施（110分）	
13	在理财（代销）产品销售专区（柜）公示销售人员资质信息、咨询举报电话号码，便于确认产品属性及相关信息，举报违规销售、私售产品等行为。	5
14	贵宾服务区域相对独立、布局合理、功能齐全、温馨舒适、格调优雅，实现一对一专属服务，客户体验良好。	5
15	贵宾服务区域设置现金服务窗口，且实现独立、封闭或遮挡操作，有效保护客户隐私。	4
16	在电子银行区域提供预处理、自助开户、远程银行、自助缴费、自助转账、自助理财、自助结售汇、自助外币兑换、无卡取款、自助账单打印等至少五种电子银行服务功能。	15
17	营业厅内各类物品摆放有序，保持整洁，客户使用体验舒适；不得摆放赠送物品；客户视线范围内无与工作无关的私人物品。	4
18	各类设备运行正常，有必要的监测设施或手段，不能正常使用时设置暂停服务或相应提示标识，并及时排除故障。	5
19	各类设施设备界面友好、设置合理，主要业务操作流程清晰准确，提升客户体验。	10
20	在营业厅和24小时自助服务区域明显位置设置便于客户使用的免拨直通客服电话，提供中英双语服务，标识醒目，操作流程图简明易懂且内容与实际相符。	7
21	24小时自助服务区域配备数量满足客户需求、具备存取款功能的自助设备（其中至少有一台为存取款一体机），一台（含）以上具有缴费、补登折等至少一种功能的自助设备。	5
22	自助设备编号明晰。具有存取款功能的自助设备明示人民币冠字号查询标识；可受理信用卡、外卡业务，显示屏或设备上规范明示受理外卡的标识，并有中英文显示界面或双语操作提示。	5
23	客户进入24小时自助服务区域或使用自助机具时，通过屏显或语音适时进行安全、免责及风险等提示。24小时自助服务区域设置一米线和机具遮挡板等安全防护设施，或设置防护舱。	8
24	公众教育区域配备监管机构指定的银行业消费者权益保护宣传刊物及数量充足的金融知识普及等读物，或提供电子化获取渠道；公众教育区宣传内容要区分营销推介和公益宣传。	3
25	设置咨询引导台，配备引导分流设备，实现身份识别和排队管理。	2
26	配备整齐干净、舒适宜用的客户座椅，满足客户等候、休息和业务办理等需求。设置爱心专席或区域，满足特殊群体等候需求。	2

续表

服务设施（110分）		
27	据实设置填单台或相当功能的服务设施，根据业务需要配备填单模板，单据用途明确，数量充足，摆放有序，便于取用。	3
28	配备供客户使用的点验钞机，摆放位置能够有效保护客户隐私且在录像监控范围内，确保点验钞全过程、金额显示清晰可查。	2
29	设置对公业务电子回单柜或提供回单自助打印服务。	3
30	配备六种（含）以上常用便民服务设施；配备便于客户使用的饮水及设施、用具，干净卫生，数量充足；适当位置设置碎纸设备或废弃凭条回收设施，及时清理，方便客户使用。	3
31	在网点内为客户提供无线上网（WiFi）服务，接入方便，正常使用，标识醒目，操作流程明晰，风险提示到位。	2

10　网点设置满足业务需要的营业柜台（窗口），未使用的柜台（窗口）设置遮挡帘或摆放暂停服务牌。营业柜台（窗口）之间设置遮挡板等相当功能设施，形成相对独立的客户办理业务区域。营业窗口玻璃干净整洁、通透明亮。

标准示范：

高柜柜台之间，低柜柜台之间设置遮挡板，形成相对独立的客户办理业务区域。

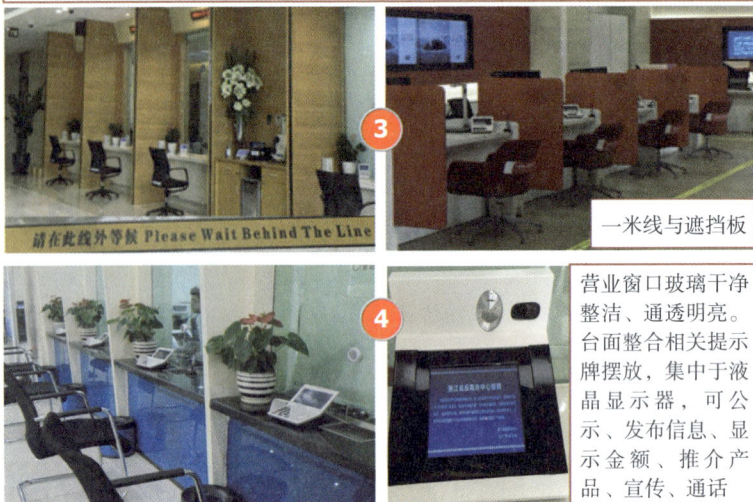

一米线与遮挡板

营业窗口玻璃干净整洁、通透明亮。台面整合相关提示牌摆放，集中于液晶显示器，可公示、发布信息、显示金额、推介产品、宣传、通话

分值：9分。

分值分布（分）：

（1）网点设置满足业务需要的营业柜台（窗口）（3）；

（2）未使用的柜台（窗口）设置遮挡帘或摆放暂停服务牌（2）；

（3）营业柜台（窗口）之间设置遮挡板等相当功能设施，形成相对独立的客户办理业务区域（2）；

（4）营业窗口玻璃干净整洁、通透明亮（2）。

考评方法：现场观察、观看录像逐一评分。

扣分点：（2）（3）。

以往扣分情况如下：

（2）未使用的柜台（窗口）未设置遮挡帘或摆放暂停服务牌，让客户体验不好；

（3）营业柜台（窗口）之间未设置遮挡板或一米线等相当功能设施，未形成相对独立的客户办理业务区域。

温馨提示

在现金服务区、非现金服务区、贵宾服务区应设置足够客户使用的营业柜台（窗口）。未使用的窗口应设置遮挡帘或暂停服务牌，消除客户对此窗口的预期，以减少投诉。窗口、柜台之间设置遮挡板可以有多种方法，可因地制宜，只要能解决客户私密性就可以；一米线是实线，采用中英双语明示。表示上一位客户未办完业务时，下一位客户不能越过一米线靠近上一位客户。有的网点人员认为高柜前可以设，低柜前不必设置一米线，原因是低柜不涉及现金。但客户隐私内容不仅仅是现金，个人客户包括存折、存单、银行卡、网银、理财账户、身份证号码，以及相应密码等都属于隐私。对公客户包括对公账户账号、密码、印件等都强调私密性。所以，网点内只要涉及客户私密的地方都应设置相应设施或采取相应措施对客户私密加以保护。私密设施材质可以是木材、绿植、石材（包括人造石）、钢材、铝合金、磨砂玻璃、彩绘玻璃等，但不宜用透明玻璃。有的网点在大厅高柜区还专门为客户设置了密闭或半密闭的业务办理空间，使办理普通业务的客户享受贵宾待遇。如下图所示。

网点如果每天客源较多，需要排队，也可增设快速业务窗口；针对外宾客户和特殊群体客户可增设涉外窗口、爱心窗口等，以提高办事效率，提升客户体验。如下图所示。

导盲犬
珍妮

　　此外，客户在高、低柜书写签名的台面设计也可凸显"以客户为中心"的理念，即在普通台面基础上延伸出一个台面专供客户使用，并微微向客户端倾斜5度角，或以放上一张凭证、业务资料不会滑下来为限，客户阅读、书写和签名时台面小坡度正好与手臂抬起的角度相吻合，客户体验较好。倾斜台面的末端也可设计一个微微凸起的小牙，以免凭证与笔等物件滑落。如下图所示。

11 营业窗口语音对讲装置正常工作，通话音量适中。柜员点验钞机显示清晰、无遮挡，监控可见。

标准示范：

先生，请收好您的现金和银行卡（通话音量适中）

分值：3分。

分值分布（分）：

（1）营业窗口语音对讲装置正常工作（1）；

（2）通话音量适中（1）；

（3）柜员点验钞机显示清晰、无遮挡（0.5）；

（4）监控可见（0.5）。

考评方法：现场观察与调阅录像、体验。

扣分点：（1）（3）。

以往扣分情况如下：

（1）语音对讲装置工作不正常，杂音较大；

（3）柜员点钞机未设置面向客户的显示屏等。

> **温馨提示**
>
> 　　语音对讲装置要避免杂音，通话音量保持在柜员与客户都能听到为宜。柜员点钞机应让客户看到显示器，这体现了业务办理的透明化，可增强客户的信任感。

12 设置理财（代销）产品销售专区（柜），配置包含"销售专区"（或"销售专柜"）、"录音录像"字样的明显标识。在该区域和公众教育、贵宾服务等区域的显著位置，以醒目字体提醒消费者可通过产品信息查询平台、网站或其他媒介了解产品相关信息，并进行明确的风险提示。

标准示范：

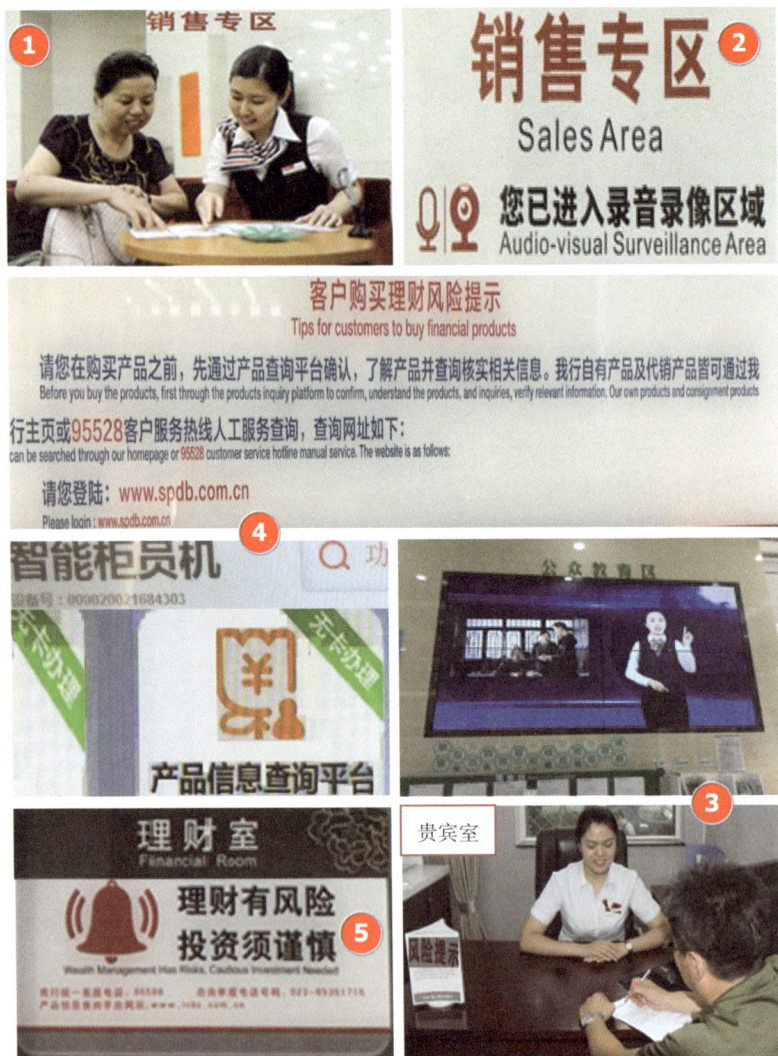

分值： 5分。

分值分布（分）：

（1）设置理财（代销）产品销售专区（柜）（1）；

（2）配置包含"销售专区"（或"销售专柜"）、"录音录像"字样的明显标识（1）；

（3）在该区域和公众教育、贵宾服务等区域的显著位置（1）；

（4）以醒目字体提醒消费者可通过产品信息查询平台、网站或其他媒介了解产品相关信息（1）；

（5）进行明确的风险提示（1）。

考评方法： 现场观察与体验。

扣分点：（3）（5）。

以往扣分情况如下：

（3）在产品销售、公众教育、贵宾服务等区域未以醒目字体提醒消费者可通过智能终端、电子银行、网站等产品信息查询平台或其他媒介了解产品信息；

（5）风险提示不到位。

> **温馨提示**
>
> 　　本条所体现的主旨，一是消费者权益保护，通过醒目字体提醒消费者通过智能柜员机、手机银行、电子银行等产品信息查询平台、网站或其他媒介查询了解产品相关信息，以确保消费者买到的是银行理财产品，而非私售产品；二是体现了中国银保监会的监管要求；三是进行公众教育，增强消费者风险防范意识。有的网点为了提升消费者金融消费体验，还通过智能机器人提供移动业务咨询、产品信息查询平台，供消费者使用。如下图所示。

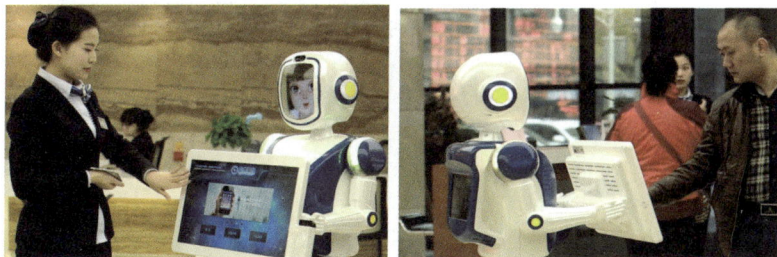

13　在理财（代销）产品销售专区（柜）公示销售人员资质信息、咨询举报电话号码，便于确认产品属性及相关信息，举报违规销售、私售产品等行为。

标准示范：

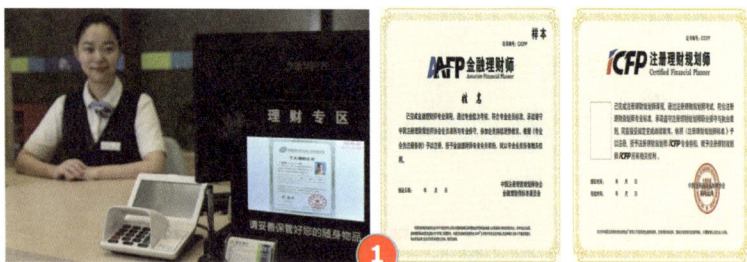

除了AFP、CFP理财资格外，取得中国银行业协会理财资格和银行本系统颁发的理财资格，并将证书公示于理财室都算持证上岗。

分值： 5分。

分值分布（分）：

（1）在理财（代销）产品销售专区（柜）公示销售人员资质信息（2.5）；

（2）咨询举报电话号码，便于确认产品属性及相关信息，举报违规销售、私售产品等行为（2.5）。

考评方法： 现场观察与调阅录像、体验。

扣分点： （1）（2）。

以往扣分情况如下：

（1）在理财（代销）产品销售专区（柜）未公示销售人员资质信息；另外，理财经理取得了理财资格证书，但因种种原因未在理财室展示出来；

（2）在理财（代销）产品销售专区未设置消费者咨询举报电话。

温馨提示

　　客户（理财）经理应持证上岗，即在取得了行业或系统内认证的个人理财上岗资格证书后方可上岗为客户打理财产。并在理财室的显著位置加以公示，这是对消费者负责。理财资格证书可以摆放在理财经理桌上，也可悬挂在墙上。理财资格证书可以公示原件，也可公示复印件（原件也可置放在行里供检查时用）。为了保持工作桌面整洁，理财资格证书可与其他公示牌合并为一块牌子或展示在一个框架里。在理财（代销）产品销售专区公示销售人员资质信息、咨询举报电话号码有利于网点与客户之间建立良好的诚信关系，使客户对购买行为放心。

14 贵宾服务区域相对独立、布局合理、功能齐全、温馨舒适、格调优雅，实现一对一专属服务，客户体验良好。

标准示范：

贵宾（理财）服务区域相对独立、温馨舒适、格调优雅

贵宾服务区域实现一对一专属服务，客户体验良好

分值：5 分。

分值分布（分）：

（1）贵宾服务区域相对独立（1）；

（2）布局合理、功能齐全、温馨舒适、格调优雅（2）；

（3）实现一对一专属服务（1）；

（4）客户体验良好（1）。

考评方法：现场观察与调阅录像、体验。

扣分点：（2）（4）。

以往扣分情况如下：

（2）贵宾服务区域条件简陋；

（4）客户体验不好。

温馨提示

　　贵宾理财做得好与否在一定程度上反映出网点转型程度。因此，贵宾（理财）服务区一定要设置得温馨舒适、格调优雅宜人，客户体验良好。若条件允许还可免费为贵宾客户提供随时可用于小范围洽谈的会议室，在为贵宾客户提供增值服务的同时，还可扩展

贵宾客户的朋友成为新的贵宾客户。贵宾客户通道不宜与普通客户通道混在一起，应有专属通道，专人接待、专人引导，有一对一专属服务。这既解决了差异化服务，又可避免与其他客户的矛盾。如下图所示。

15　贵宾服务区域设置现金服务窗口，且实现独立、封闭或遮挡操作，有效保护客户隐私。

标准示范：

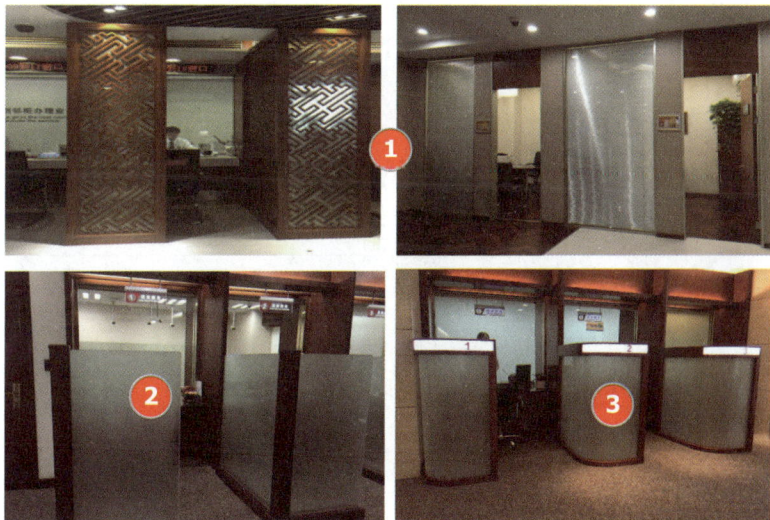

分值：4 分。

分值分布（分）：

（1）贵宾服务区域设置现金服务窗口（1）；

（2）实现独立、封闭或遮挡操作（2）；

（3）有效保护客户隐私（1）。

考评方法：现场观察与调阅录像、体验。

扣分点：（2）。

以往扣分情况如下：

（2）贵宾服务区域虽设置了现金服务窗口，但未实现独立、封闭或遮挡操作，客户隐私保护不好。

> **温馨提示**
>
> 　　市场调查发现，收入越高的人越注重私密保护。因此，贵宾（理财）服务区现金服务窗口应设置成独立、封闭、遮挡操作的空间，客户私密保护措施到位，安全提示到位，让贵宾（理财）客户办理现金业务有安全感和良好的体验。若有大额现金业务，还应尽量提供送行等延伸服务。

16　在电子银行区域提供预处理、自助开户、远程银行、自助缴费、自助转账、自助理财、自助结售汇、自助外币兑换、无卡取款、自助账单打印等至少五种电子银行服务功能。

标准示范：

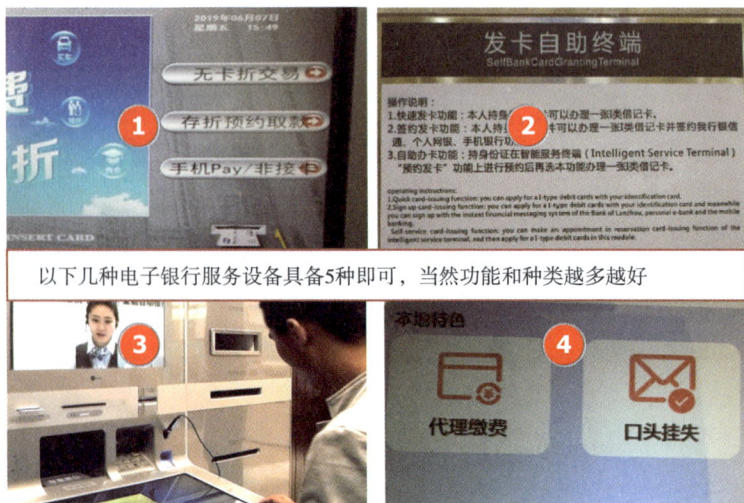

以下几种电子银行服务设备具备5种即可，当然功能和种类越多越好

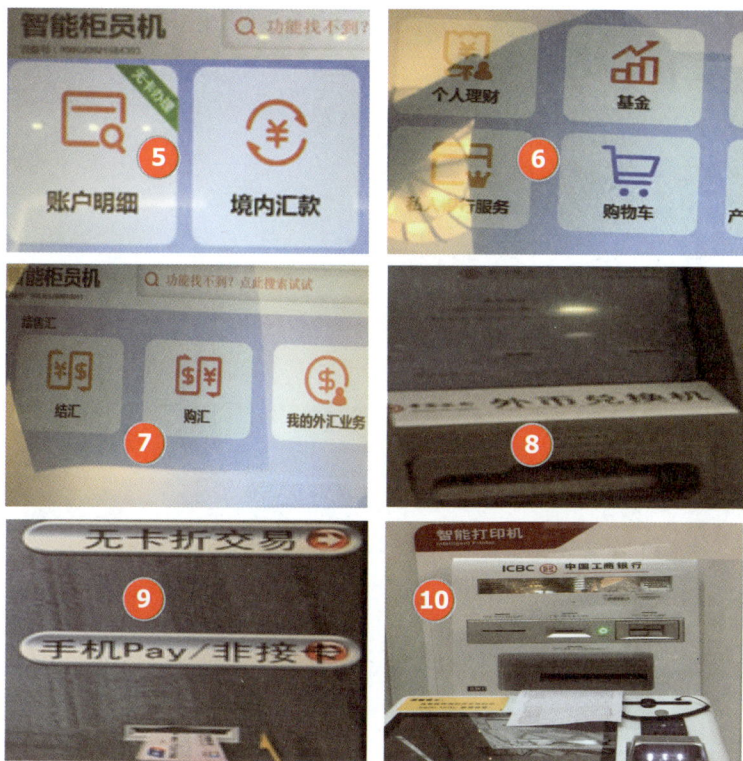

分值：15 分。

分值分布（分）：

（1）在电子银行区域提供预处理；

（2）自助开户；

（3）远程银行；

（4）自助缴费；

（5）自助转账；

（6）自助理财；

（7）自助结售汇；

（8）自助外币兑换；

（9）无卡取款；

（10）自助账单打印等至少五种电子银行服务功能。

考评方法：现场观察与调阅录像、体验。

扣分点：网点按标准要求向客户提供上述电子银行服务设施，提供 1

种得 3 分，只要能提供 5 种服务设施便可得 15 分，缺少一种扣 3 分。

以往扣分情况如下：

网点只配备了 1～4 种智能设施，不足 5 种。

> **温馨提示**
>
> 　　电子银行、智能银行、智能手机银行引领着网点发展的方向。未来银行网点应该具有以下特点：一是方便、快捷。未来社会的工作节奏、生活节奏只会变得越来越快，人们对银行服务的要求只会越来越高，方便、快捷就成了客户的基本需求。而要做到方便、快捷，银行必须运用高科技与现代信息技术。二是体验好。高品质的个性化金融服务和良好的服务体验是未来人们金融消费所追求的时尚。这就要求银行网点必须做好体验化服务，并不断提升客户体验，实现客户"到店"到"逛店"的转变。三是文明规范服务，网点应执行好中国银行业协会制定的《银行业营业网点文明规范服务评价指标体系和评分标准》，这是银行业和社会公认的行业服务标准，经过十多年的实践，对提升网点服务水平和竞争力很有帮助。网点对 1000 分的标准能做到多少就做多少，多少都有益。四是服务渠道广泛，方便使用，而且都能跟上时代步伐。尤其 5G 时代人们的生活和工作方式会发生改变，网点应善于将 5G 技术应用到服务营销工作中，不然就会落伍。五是服务流程优化，服务链条缩短，把复杂的问题留在银行内部，用技术进步解决问题；而留给客户使用和操作端的一定是简单动一动手指头、扫一扫二维码就成的事。电子银行、智能银行和智能手机银行能够很好地满足这些需求。因此，可以说电子银行、智能银行和智能手机银行就是银行网点未来渠道改造创新和布局的方向，它引领着未来银行网点的转型发展。并且在互联网金融和同业竞争双重压力下，电子化、智能化将由现在的零售（个金）业务不断向批发（公司）业务，乃至银行的整个经营管理演化。
>
> 　　为了引领电子化、智能化潮流，有的银行开始研究并推出"智

能机器人银行网点",即由智能机器人在银行网点大堂提供客户识别、引导、分流、业务咨询、转账、汇款、购买产品等自助非现金服务,并能进行二次分流和客户情绪安抚工作。在现金业务上,小额存取款业务,智能机器人引导客户到 ATM 上办理;大额存取款业务,智能机器人则带领客户到柜台由柜台智能机器人办理。如下图所示。

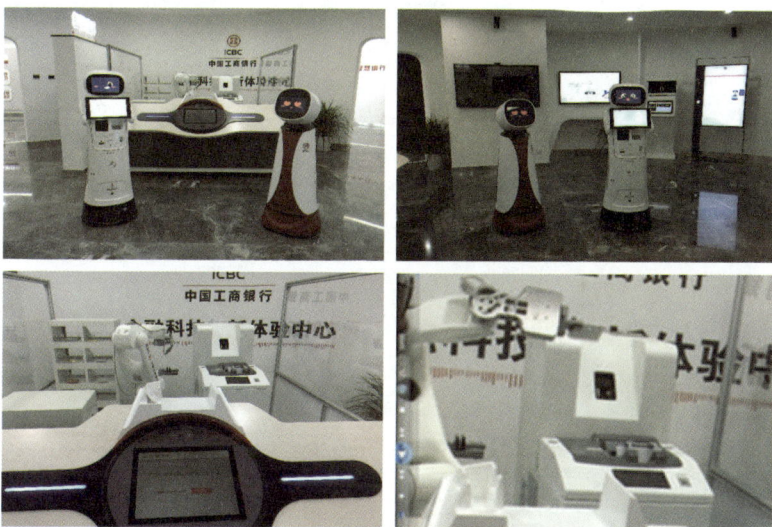

17 营业厅内各类物品摆放有序,保持整洁,客户使用体验舒适;不得摆放赠送物品;客户视线范围内无与工作无关的私人物品。

标准示范:

各类物品实行6S定位管理，客户视线范围内无与工作无关的私人物品

分值：4分。

分值分布（分）：

（1）营业厅内各类物品摆放有序（0.5）；

（2）保持整洁（0.5）；

（3）客户使用体验舒适（1）；

（4）不得摆放赠送物品（1）；

（5）客户视线范围内无与工作无关的私人物品（1）。

考评方法：现场观察与调阅录像、体验。

扣分点：（2）。

以往扣分情况如下：

（2）网点大厅内物品凌乱、不整洁，空白银行传票、凭证及作废纸屑等散落地上，自助区地上有烟头、污渍；柜面水杯、面巾纸、杂物等私人物品随意摆放；营业窗口、员工工作台面及营业大厅各种机具设备布线裸露、散乱；一些通知、公告及标识用A4纸等贴墙上、大堂引导台上；一些标牌和服务价目表随意放置在大堂引导台上。如下图所示。

温馨提示

　　大厅整体环境要注意干净整洁，大堂引导台上最好干干净净，少放东西，一定要放则须定位管理，用后归位。一些通知或公告不要用纸张直接贴墙上，最好是公示在公示栏里，或专门制作一个带镜框的通知栏，可以换纸；非营业性与服务无关的用品不摆放在营业厅内和客户视线范围内。所有物品应遵循6S原理进行定位管理；水杯等私人物品摆放在内部柜子里，若要放在外面柜子或桌子上则一定要整齐摆放并定位，手柄统一朝向员工方便取用的方向。机具布线尽量不走台面，最好不在视野范围内，尽量不裸露，电线要进行整齐捆扎；电源开关及电源接头部分应有防触电装置，并有"请注意用电安全"提示等。如下图所示。

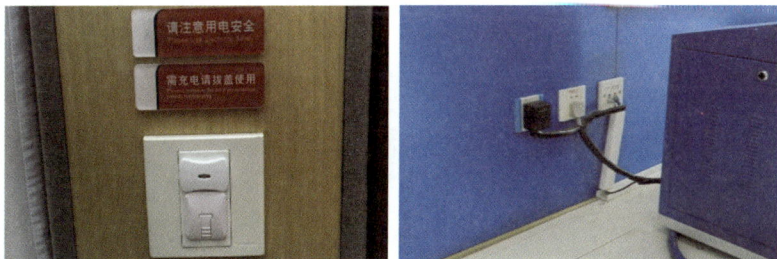

18　各类设备运行正常，有必要的监测设施或手段，不能正常使用时设置暂停服务或相应提示标识，并及时排除故障。

标准示范：

分值： 5 分。

分值分布（分）：

（1）各类设备运行正常（2）；

（2）有必要的监测设施或手段（1）；

（3）不能正常使用时设置暂停服务或相应提示标识（1）；

（4）及时排除故障（1）。

考评方法： 现场观察与调阅录像、体验。

扣分点： （4）。

以往扣分情况如下：

（4）故障排除不及时，有的 ATM 坏了三天也无人维修。

温馨提示

　　银行网点应做好网点内智能自助机等机具的监控管理，发现故障及时处理。有的ATM虽能正常工作，但机具年代久远性能老化，服务能力低下，如存入10000元，ATM给吐出一半，再存再吐，不经过几个回合是存不好钱的，有的还卡新钞，应按使用年限定期对这类机具更新换代。监控中若发现有客户遗忘物品，及时通知网点收好，通知或等待客户领取。并保存好监控资料备查。

19　各类设施设备界面友好、设置合理，主要业务操作流程清晰准确，提升客户体验。

标准示范：

分值：10分。

分值分布（分）：

（1）各类设施设备界面友好、设置合理（5）；

（2）主要业务操作流程清晰准确，提升客户体验（5）。

考评方法：现场观察、体验。

扣分点：无。

以往扣分情况如下：

无。此条在历次考评中未扣过分。

> **温馨提示**
>
> 　　银行网点设施设备界面设计要美观、色泽宜眼，易进行业务识别，业务模块与视图等设置合理，业务操作流程清晰准确，操作流程越简便越好，客户容易操作，体验才会好。

20　在营业厅和 24 小时自助服务区域明显位置设置便于客户使用的免拨直通客服电话，提供中英双语服务，标识醒目，操作流程图简明易懂且内容与实际相符。

标准示范：

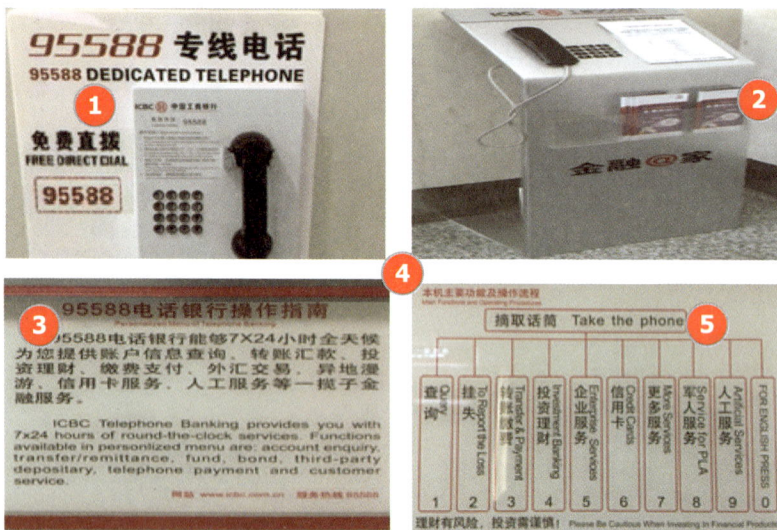

分值： 7 分。

分值分布（分）：

（1）在营业厅明显位置设置便于客户使用的免拨直通客服电话（2）；

（2）在 24 小时自助服务区域明显位置设置便于客户使用的免拨直通客服电话（2）；

（3）提供中英双语服务（1）；

（4）标识醒目（1）；

（5）操作流程图简明易懂且内容与实际相符（1）。

考评方法：现场观察、体验。

扣分点：（2）（3）。

以往扣分情况如下：

（2）24小时自助服务区域无免拨直通客服电话，或设置电话了，但拨不通；

（3）未提供中英双语服务。

温馨提示

　　用于客户使用的免拨直通电话应保持时刻畅通，避免电话广告。客户摘机等候时间一般不超过5秒钟。免拨直通电话的音量适中、清晰。尤其自助服务区免拨直通客服电话是为了帮助和解决客户紧急需求用的，一定要24小时保持一拨就通的状态，准确友好地回应客户诉求，及时帮助客户解决问题。

21　24小时自助服务区域配备数量满足客户需求、具备存取款功能的自助设备（其中至少有一台为存取款一体机），一台（含）以上具有缴费、补登折等至少一种功能的自助设备。

标准示范：

分值：5分。

分值分布（分）：

（1）24小时自助服务区域配备数量满足客户需求（2）；

（2）具备存取款功能的自助设备（其中至少有一台为存取款一体机）（2）；

（3）一台（含）以上具有缴费、补登折等至少一种功能的自助设备（1）。

考评方法：现场观察。

扣分点：（3）。

以往扣分情况如下：

（3）无具有缴费、补登折等功能的自助机具。

温馨提示

　　视客户量情况投入足够的ATM、ITM、VTM等自助机具可以减缓大厅排队压力，提高服务效率，增加客户满意度。另外，应提高自助机具的科技含量与智能化水平。自助机具区应可办理存折打印、缴费、转账汇款、定期存款、自助理财、自助开借记卡、自助开信用卡、购买保险、购买基金等业务，也可改建成智能自助服务区，让客户轻松办理上述业务。如下图所示。

22 自助设备编号明晰。具有存取款功能的自助设备明示人民币冠字号查询标识；可受理信用卡、外卡业务，显示屏或设备上规范明示受理外卡的标识，并有中英文显示界面或双语操作提示。

标准示范：

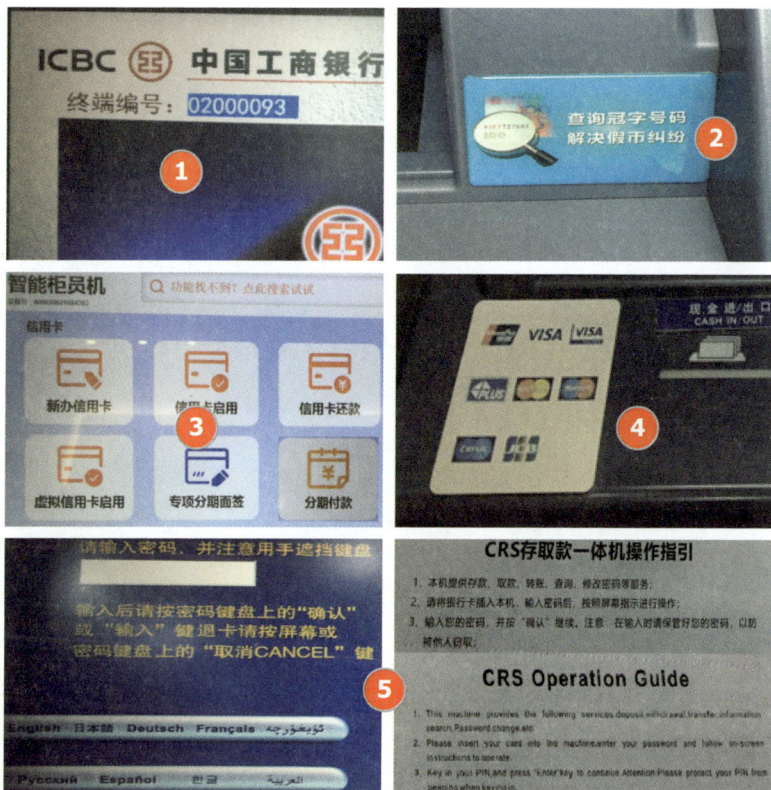

分值：5分。

分值分布（分）：

（1）自助设备编号明晰（1）；

（2）具有存取款功能的自助设备明示人民币冠字号查询标识（1）；

（3）可受理信用卡（1）、外卡业务（1）；

（4）显示屏或设备上规范明示受理外卡的标识（0.5）；

（5）有中英文显示界面或双语操作提示（0.5）。

考评方法：现场观察。

扣分点：（2）（3）（5）。

以往扣分情况如下：

（2）网点的 ATM 无人民币冠字号查询功能，也就没有人民币冠字号查询标识；

（3）不能受理信用卡、外卡业务；

（5）ATM 无中英文显示界面或双语操作提示。

> **温馨提示**
>
> 　　银行网点应将无人民币冠字号查询功能的自助机具分期分批更换升级为有人民币冠字号查询功能的自助机具，在提高硬件服务能力的同时，还能减少或有效解决自动取款机"出假钞"的纠纷。随着改革开放的深入和"一带一路"的推进，中国正在融入和领跑世界经济，到中国工作、学习、生活、旅游和居住的外籍人士越来越多，银行的中英双语及多语种服务已成为常态。自助机具应适时不断扩展服务功能，逐步实现中英双语和多语种服务。自助机具操作指引张贴高度应与人的视觉相适应，不宜太高，所用字号也不宜过小，不然客户看不清楚内容。

23　客户进入 24 小时自助服务区域或使用自助机具时，通过屏显或语音适时进行安全、免责及风险等提示。24 小时自助服务区域设置一米线和机具遮挡板等安全防护设施，或设置防护舱。

标准示范：

客户进入自助服务区使用机具，屏显或语音进行安全、免责及风险提示

公安机关提醒您，不要给陌生账号汇款……

24小时自助服务区域设置了一米线，各机具之间设置了遮挡板等安全防护设施，或设置了防护舱，增加私密性，让客户安心自助办理业务

当您存取款时，请小心周围环境，防止抢劫事件发生

分值：8分。

分值分布（分）：

（1）客户进入24小时自助服务区域或使用自助机具时，通过屏显或语音适时进行安全、免责及风险等提示（4）；

（2）24小时自助服务区域设置一米线和机具遮挡板等安全防护设施，或设置防护舱（4）。

考评方法：现场观察。

扣分点：（2）。

以往扣分情况如下：

（2）未设一米线；各机具之间未设置遮挡板，或设置的遮挡板起不到遮挡作用，不符合要求；也未设置封闭的、客户独立使用的安全舱。

> **温馨提示**
>
> 　　通过屏显或语音进行安全、免责及风险提示是为了保护客户的人身和财产安全，自助服务区应按要求提示到位。供客户使用的安全舱最好有一个是可以进轮椅的，且可进轮椅的安全舱要使用自动感应门，方便轮椅进出。如下图所示。

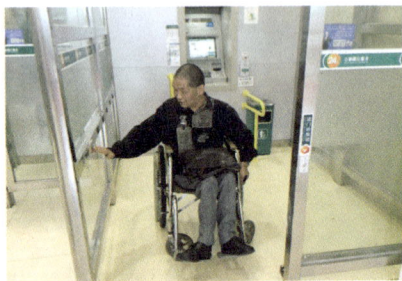

　　中国已进入老龄化社会，坐轮椅来银行网点办理业务的客户会越来越多。因此，安全舱要做得实用、美观和人性化。如下图所示。

该安全舱因地制宜地做了一个弧形，采用玻璃材质，上半部分（包括舱内机具之间的隔板）采用磨砂玻璃，起到私密保护作用；下半部分采用透明玻璃，客户若在其中突发意外，可以被舱外大堂工作人员清楚地注意到，又多一层安全。而且灯光与色调衬托得很有品味。

24　公众教育区域配备监管机构指定的银行业消费者权益保护宣传刊物及数量充足的金融知识普及等读物，或提供电子化获取渠道；公众教育区宣传内容要区分营销推介和公益宣传。

　　标准示范：

公众教育区域配备了监管机构指定的银行业消费者权益保护宣传刊物

宣传内容分为营销推介和公益宣传两大类

分值：3分。

分值分布（分）：

（1）公众教育区域配备监管机构指定的银行业消费者权益保护宣传刊物（1）；

（2）数量充足的金融知识普及等读物（1），或提供电子化获取渠道；

（3）公众教育区宣传内容要区分营销推介和公益宣传（1）。

考评方法：现场观察。

扣分点：（3）。

以往扣分情况如下：

（3）公众教育区宣传内容未区分营销推介和公益宣传。

温馨提示

　　银行网点在进行产品营销推介时不能在描述收益的地方用3号较大的字，而在描述风险时用5号较小的字。宣传资料要重点突出监管部门和中国银行业协会的规定要求，及其主要的消保读物和金融知识普及读物，注意适时更新。也可通过电视屏显进行公众教育，甚至做成客户喜闻乐见的卡通片进行宣传讲解。如下图所示。

25　设置咨询引导台，配备引导分流设备，实现身份识别和排队管理。

标准示范：

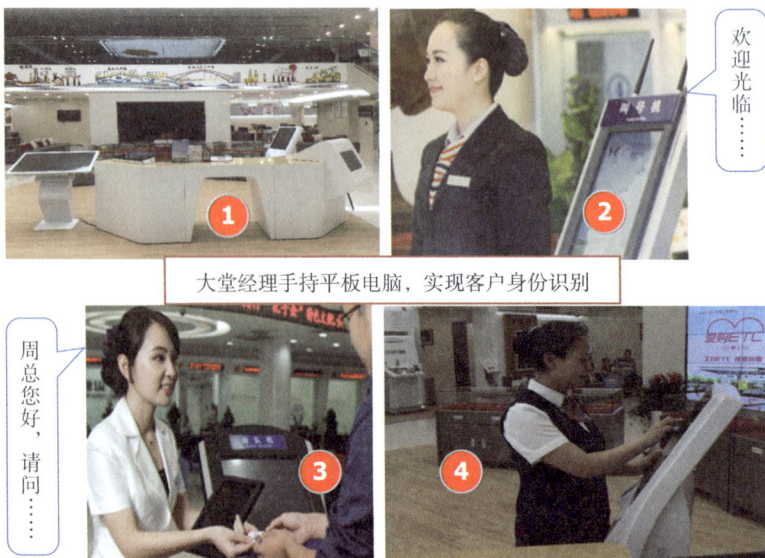

大堂经理手持平板电脑，实现客户身份识别

分值：2分。

分值分布（分）：

（1）设置咨询引导台（0.5）；

（2）配备引导分流设备（0.5）；

（3）实现身份识别（0.5）；

（4）排队管理（0.5）。

考评方法：现场观察。

扣分点：（3）。

以往扣分情况如下：

（3）取号机功能单一，不能实现身份识别。

温馨提示

　　当今信息技术已十分发达，取号机等引导分流设备应适时增加科技含量，增加智能化成分，有效地进行客户身份识别，在身份识别后对客户使用姓氏尊称可立即拉近与客户的距离。银行网点要善于做好排队管理，一是对网点客户排队时间进行管理，大堂服务人员要持续关注网点客户排队时间的变化，对客户排队时间进行分析，提出改进建议；二是对排队顺序进行管理，严格按客户取号顺序叫号办理业务，切不可插队办理；三是对过号的处理，原则上重新取号，也可视客户过号时间长短灵活安排，若刚刚过号则等某窗口办理完业务暂不忙往后叫号，将该过号客户业务办了，或引领到无客户的贵宾室办理，这个过程需要低调进行。大堂经理（咨询引导）台应与大门朝向、厅内建筑风格相一致。一般而言，大堂经理（咨询引导）台置放位置正对大门比较好，一般离大门3米之内，让客户一进门便能清楚地听到大堂经理亲切的问候声。引导台的大小、其与大门的距离可视网点面积大小按比例设置。若一进门大厅通透、宽敞，则适合设置一圆形咨询引导台。若一进大门大厅的进深不大，则可设置一个半弧形引导台，引导台后面可设置背景墙，若无空间也可不设背景墙。如下图所示。

　　咨询引导台尽量智能化和智慧化。随着网点智能化水平的提升，智能咨询引导台被广泛使用。即将咨询引导、排队叫号、客户识别导向等融合整理为一体。智能化网点咨询引导台的形状设置一般多采用圆形或半圆形。在引导台周边装备智能终端。这些终端可办理业务查询、转账汇款、理财业务、缴费业务、账户开立及补办业务、电子银行及互联网业务、其他个人业务。客户来网点在咨询引导台便可办理各种非现金业务，客户体验很好。如下图所示。

大堂服务人员对客户的各类咨询应遵循"八字"原则，即热情、简洁、通俗、周全。

一是热情。即热情服务，礼貌作答。回答时务必面带微笑，语速中等、音量适中、吐字清晰、表述准确。

二是简洁。即善于总结归纳，提纲挈领，将烦琐的问题简洁化、条理化，告知客户该做什么。最好能借助一定的工具，如宣传资料、提示卡等，帮助客户理解并操作。

三是通俗。既要善于把专业化的回答口语化、通俗化，又要善于把客户所提的片段的、口语化的咨询转化为专业的知识，并找到对应的答案。面对不同文化层次、不同职业、不同年龄段的客户，应用最简单、通俗的语言为客户讲解业务。

四是周全。回答是否全面、细致将直接影响客户能否成功办理业务，也最能影响客户的体验。业务办理前应主动提示客户"是为您本人办理银行卡吗？""您带本人身份证了吗？""您需要提前填写开户申请表"等。

26 配备整齐干净、舒适宜用的客户座椅，满足客户等候、休息和业务办理等需求。设置爱心专席或区域，满足特殊群体等候需求。

标准示范：

分值： 2分。

分值分布（分）：

（1）配备整齐干净、舒适宜用的客户座椅（0.5）；

（2）满足客户等候、休息和业务办理等需求（0.5）；

（3）设置爱心专席或区域，满足特殊群体等候需求（1）。

考评方法： 现场观察。

扣分点： （3）。

以往扣分情况如下：

（3）等候区客户等候休息座椅上未明示爱心专席或区域。

温馨提示

座椅摆放要整齐，营业厅内客户等候休息座椅数量多少要因地制宜，能满足客户需要便可。爱心座椅标识要明显，便于有需要的客户使用。客户座椅应注重舒适性，椅子的弹性、扶手、靠背等都应很讲究。尤其是靠背的仰角及垫腰应符合人的脊柱曲线走向，这样客户体验才会舒适、轻松。传统的客户座椅最好选用转椅，摆成45度角面向柜台，便于客户入座后转向柜台。客户离开后，座椅自动恢复45度角原位。如下图所示。

网点提供给客户使用的座椅，45度角面向柜台，便于客户入座后转向柜台。客户离开后，座椅自动复原45度角，恢复原位。

另外，现代座椅讲究美观、方便、适用，其色彩、风格与大厅相配。除了"标准示范"中的现代座椅外，为了适应现代生活情调与审美观，增强客户良好体验，网点还创新推出新颖、别致、时尚、适用、舒适的客户座椅。如下图所示。

27　据实设置填单台或相当功能的服务设施，根据业务需要配备填单模板，单据用途明确，数量充足，摆放有序，便于取用。

标准示范：

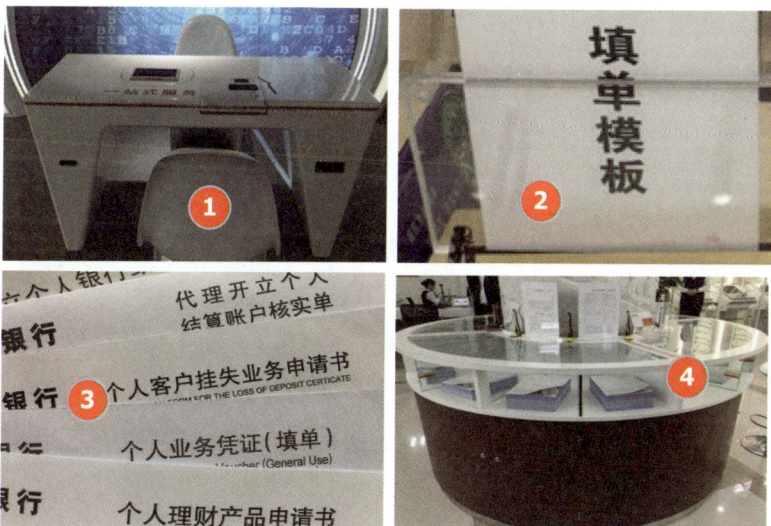

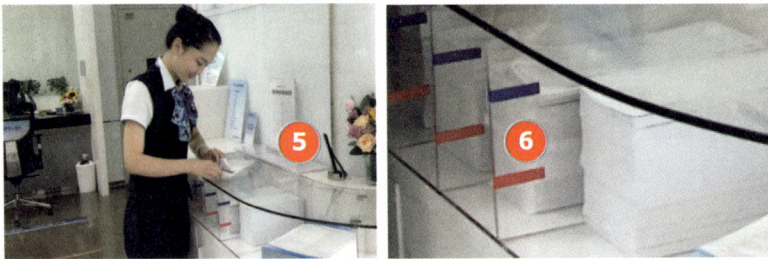

分值：3 分。

分值分布（分）：

（1）据实设置填单台或相当功能的服务设施（0.5）；

（2）根据业务需要配备填单模板（0.5）；

（3）单据用途明确（0.5）；

（4）数量充足（0.5）；

（5）摆放有序（0.5）；

（6）便于取用（0.5）。

考评方法：现场观察。

扣分点：（5）。

以往扣分情况如下：

（5）单据摆放无序。

温馨提示

　　填单台的空白凭条应摆放有序，数量达到储存单格的 1/3 至 2/3 时，客户取用感觉最好。并将由 2～4 联组成一套的凭证整套折叠一角，便于客户取用，还不会因客户多取或少取而整套浪费（见上图5）。填单台的设计可灵活多样，因地制宜。例如，可把复印机、点钞机等便民设施放在填单台下方格子里，以充分合理地利用空间。有条件的银行网点可以使用电子填单机帮客户填单，客户只要将第二代身份证往电子填单机指定位置一放，就可以在屏幕上进行相应选择，打印客户基本信息，节省了客户许多填单时间。

　　大堂服务人员应主动指导客户填写单据，必要时帮助客户复印相关证件，并注意保护客户隐私。在指导客户填写业务单据时应与客户保持合适的位置，上岗前一般不宜吃味大的食品，也别碰到客户随身携带的物品。在帮助客户填写单据时，应详细询问客户所要办理业务的类别，提示客户需填写的单据。指导客户参照填单示范与模板正确填写单据。并提示客户填写完毕后，由工作人员负责对单据进行检查，防止错填、漏填。原则上大堂服务人员不能代理客户填单，如遇特殊群体客户，可代填其他要素，但必须由客户亲自签名。如下图所示。

28　配备供客户使用的点验钞机，摆放位置能够有效保护客户隐私且在录像监控范围内，确保点验钞全过程、金额显示清晰可查。

标准示范：

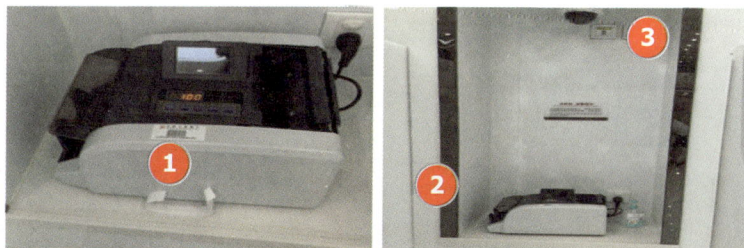

供客户使用的点验钞机摆放在录像监控范围内，点验钞全过程清晰可查

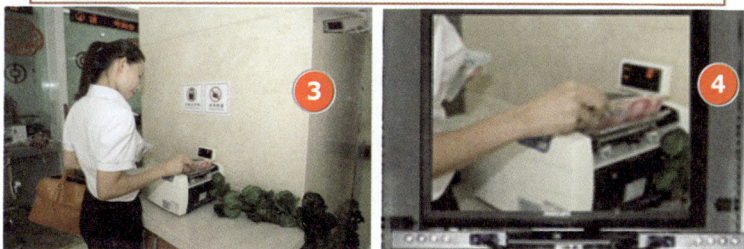

分值：2 分。

分值分布（分）：

（1）配备供客户使用的点验钞机（0.5）；

（2）摆放位置能够有效保护客户隐私（0.5）；

（3）在录像监控范围内（0.5）；

（4）确保点验钞全过程、金额显示清晰可查（0.5）。

考评方法：现场观察。

扣分点：（4）。

以往扣分情况如下：

（4）点验钞过程、金额显示模糊不清。

温馨提示

　　点验钞机应能正常使用，并摆放在录像监控范围内，且环境相对隐蔽，以便保护客户生命财产安全。同时又能方便往后需要时调阅录像，处理问题。此外，点验钞机最好不与碎纸机摆放在一起，以免客户误将纸币放入碎纸机。

---

29 设置对公业务电子回单柜或提供回单自助打印服务。

标准示范：

对公业务电子回单柜及回单自助打印机

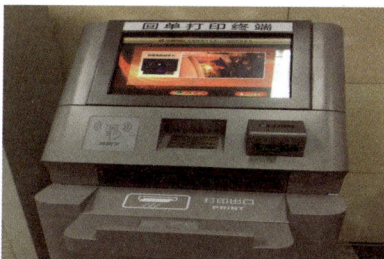

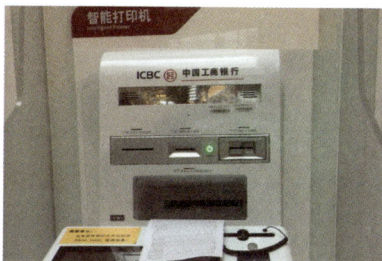

分值：3分。

分值分布（分）：

(1) 设置对公业务电子回单柜或提供回单自助打印服务（3）。

考评方法：现场观察。

扣分点：无。

以往扣分情况如下：

无。此条在历次考评中未扣过分。

> **温馨提示**
>
> 　　银行网点对公业务可以设置企业客户回单柜，定期打印并投放柜中，由客户自行领取。也可配备回单打印机，由客户自主操作打印回单。还可将回单柜设在网上，在网上与企业实现在线对账。
>
> 　　为保护客户财务信息安全，银行应与每一位员工签署一份保密协议。业务人员应严格遵守签署的保密协议，妥善保管客户交易信息。不对外泄露，不擅自披露客户信息资料，不将企业公司交易信息以纸制或电子等任何方式带离银行。若泄露客户信息资料，不但会引来客户投诉、流失，银行还会面临法律纠纷。

30 　配备六种（含）以上常用便民服务设施；配备便于客户使用的饮水及设施、用具，干净卫生，数量充足；适当位置设置碎纸设备或废弃凭条回收设施，及时清理，方便客户使用。

标准示范：

便民服务设施，方便、整洁、使用安全

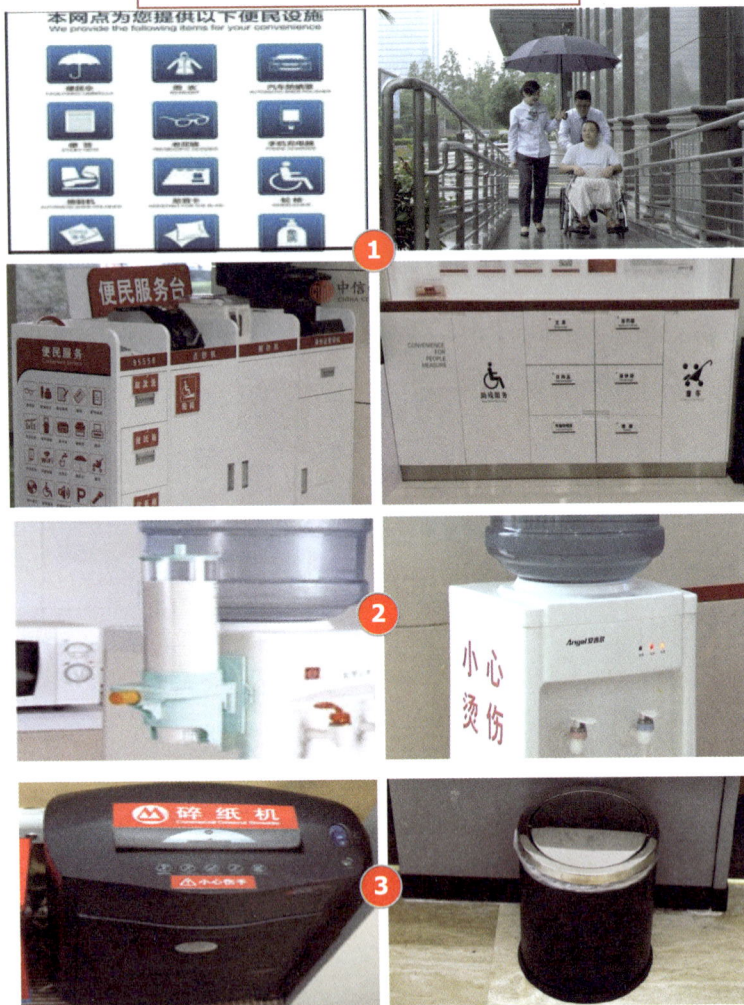

分值：3 分。

分值分布（分）：

（1）配备六种（含）以上常用便民服务设施（1）；

（2）配备便于客户使用的饮水及设施、用具，干净卫生，数量充足（1）；

（3）适当位置设置碎纸设备或废弃凭条回收设施，及时清理，方便客户使用（1）。

考评方法：现场观察。

扣分点：（1）（2）。

以往扣分情况如下：

（1）便民服务设施不足6种，便民服务设施锁在柜子里，不便取用；

（2）未配备便于客户使用的饮水及设施、用具。

温馨提示

　　便民服务措施包括但不限于老花镜、针线包、雨伞、婴儿车、轮椅、幼儿椅、自行车打气筒、小药箱（药品仅限外用，忌摆放内服药品）等。但不宜摆放水果刀或较大规格的剪刀等易造成伤害的物品。便民服务设施应摆放整齐、取用方便。网点供客户使用的饮水设施，如水杯要有卫生保护措施，使其保持干净，供水及时，加注饮用期提示，热饮水处标注"小心烫伤"提示，客户用过的水杯要及时清理。碎纸设备要能正常使用，杂物一般不超过回收箱的三分之二，并注意及时清理。

31　　在网点内为客户提供无线上网（WiFi）服务，接入方便，正常使用，标识醒目，操作流程明晰，风险提示到位。

标准示范：

分值：2分。

分值分布（分）：

（1）在网点内为客户提供无线上网（WiFi）服务，接入方便（0.5）；

（2）正常使用（0.5）；

（3）标识醒目（0.2）；

（4）操作流程明晰（0.3）；

（5）风险提示到位（0.5）。

考评方法：现场体验。

扣分点：（5）。

以往扣分情况如下：

（5）风险防范不到位，无任何安全措施，客户不用做任何认证操作，可直接上网。

温馨提示

　　银行网点可为客户提供无线上网服务，通过扫二维码接入方便，正常使用。但要特别注意保护客户信息安全，一定要采取相关安全措施。例如，客户扫码后需申请验证码才能进行登录；或提供临时上网卡，由客户任意抽取卡片，客户输入临时上网卡上的账号和密码进行登录；网点不可无密码连WiFi。伪基站对手机银行的攻击很猖獗，银行已监测并关停钓鱼网站上万个，处理可疑交易上万起。伪基站假冒银行电话发送虚假信息引诱客户登录钓鱼网站，盗取客户账户信息等电信网络诈骗案件时有发生。如果WiFi无安全措施，容易被钻空子。

2.2 信息宣传和公示

主要标准与分值

信息宣传和公示（50分）		
32	在网点内公示营业执照、金融许可证，并在显著位置醒目公示"七不准、四公开"等监管机构要求公示的内容。	5
33	适当位置公示本网点消费者权益保护电话号码和消费者投诉处理流程图。	4
34	网点内电子宣传设备清晰显示，翻页及时；各类宣传资料摆放有序，无卷角翘边现象。	3
35	在营业厅、贵宾及24小时自助服务区域显著位置通过至少一种方式，向客户公示本区域常用服务价格及免费服务项目表，标识醒目，中英文对照，字体清晰，便于查阅。	6
36	在网点内显著位置摆放或电子显示本系统全部服务价格目录册，包括对私服务、对公服务、收费项目、免费项目，及时更新，客户查阅方便，明确生效日期。	6
37	及时在网点显著位置公告各类服务变更调整、价格变动信息，明确生效日期。	5
38	以电子屏显或电子自助查询系统、行情分析系统查询等形式，向客户提供本币存贷款利率、外币存款利率、外汇牌价、基金净值、贵金属价格等信息。	7
39	产品宣传内容符合有关规定，能全面、如实、客观地反映产品的重要特性，语言表述真实、准确、清晰，不得宣传产品预期收益率。	6
40	以公告栏公示或客户提示卡等方式，提示本网点业务办理高低峰时段信息、周边区域本行或他行其他营业网点的地址和联系电话。	5
41	提供常办业务简介、风险提示等，内容包括所需证件、办理渠道、流程等必要手续提示。	3

32 在网点内公示营业执照、金融许可证，并在显著位置醒目公示"七不准、四公开"等监管机构要求公示的内容。

标准示范：

分值：5分。

分值分布（分）：

（1）在网点内公示营业执照（1）；

（2）金融许可证（1）；

（3）在显著位置醒目公示"七不准、四公开"等监管机构要求公示的内容（3）。

考评方法：现场观察。

扣分点：（3）。

以往扣分情况如下：

（3）在显著位置醒目公示了"七不准、四公开"等监管机构要求公示的内容。但实际并未做到，如发放贷款时捆绑搭售基金、代理保险等。

温馨提示

银行营业网点应在大厅明显而恰当位置公示本网点的营业执照及金融许可证。方便客户看见，并知晓网点是正规的持照营业点，给客户一种安全感。同时网点要遵守监管规定，在显著位置醒目公示"七不准、四公开"等监管规定。在发放贷款或其他方式提供融

> 资服务时，尊重金融消费者的选择权，不捆绑搭售和借贷搭售保险、基金等产品。真正将"七不准、四公开"落到实处，执行到位。

33 适当位置公示本网点消费者权益保护电话号码和消费者投诉处理流程图。

标准示范：

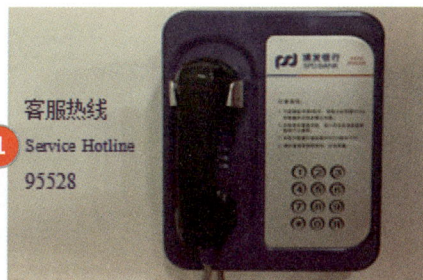

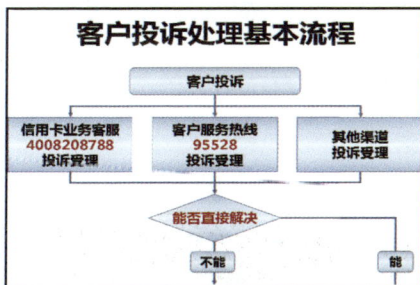

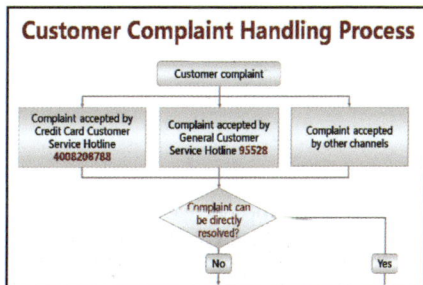

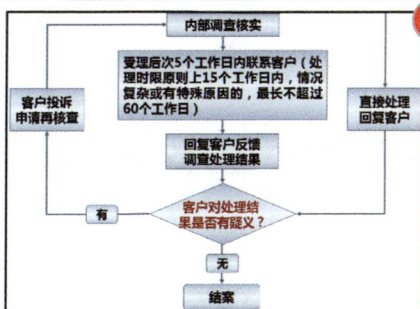

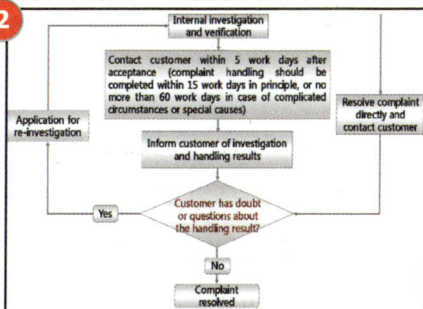

分值： 4 分。

分值分布（分）：

（1）适当位置公示本网点消费者权益保护电话号码（2）；

（2）消费者投诉处理流程图（2）。

考评方法：现场观察。

扣分点：（2）。

以往扣分情况如下：

（2）未公示消费者投诉处理流程图，或虽然公布了，但网点将投诉处理流程图贴得很高，根本看不清文字内容。

> **温馨提示**
>
> 　　在适当位置公示本网点消费者权益保护电话号码和消费者投诉处理流程图，这是监管部门的要求，更是保护消费者权益的具体体现，让消费者放心消费。纸制的字号应大一点，贴墙上的高度应适中，让消费者看得清楚文字内容。通过电子屏显公示的，把握好翻页频次，以方便客户观看查询为宜。

34 网点内电子宣传设备清晰显示，翻页及时；各类宣传资料摆放有序，无卷角翘边现象。

标准示范：

分值：3 分。

分值分布（分）：

（1）网点内电子宣传设备清晰显示（1）；

（2）翻页及时（1）；

（3）各类宣传资料摆放有序（0.5）；

（4）无卷角翘边现象（0.5）。

考评方法：现场观察。

扣分点：（4）。

以往扣分情况如下：

（4）纸制宣传资料有卷角翘边现象。

> **温馨提示**
>
> 　　银行网点内宣传用电子设备应采用高清晰的，便于让客户看清网点要宣传的内容。同时亮度适宜，不宜太亮，也不宜太暗，让客户能以舒适的感觉进行电子阅览。翻页及时，但也不要过快或过慢，一般 3～5 秒钟翻一屏较宜。大厅内摆放的各种宣传资料应整齐、规范，不要有卷角翘边现象。

35 　　在营业厅、贵宾及 24 小时自助服务区域显著位置通过至少一种方式，向客户公示本区域常用服务价格及免费服务项目表，标识醒目，中英文对照，字体清晰，便于查阅。

标准示范：

在营业厅显著位置向客户公示常用服务价格及免费服务项目表

在贵宾服务区显著位置向客户公示常用服务价格及免费服务项目表

在自助服务区向客户公示常用服务价格及免费服务项目表

分值：6分。

分值分布（分）：

（1）在营业厅显著位置通过至少一种方式，向客户公示本区域常用服务价格表（1）；

（2）在营业厅显著位置通过至少一种方式，向客户公示本区域免费服务项目表（1）；

（3）在贵宾区域显著位置通过至少一种方式，向客户公示本区域常用服务价格表（1）；

（4）在贵宾区域显著位置通过至少一种方式，向客户公示本区域免费服务项目表（1）；

（5）在24小时自助服务区域显著位置通过至少一种方式，向客户公示本区域常用服务价格表（0.5）；

（6）在24小时自助服务区域显著位置通过至少一种方式，向客户公示本区域免费服务项目表（0.5）；

（7）标识醒目（0.25）；

（8）中英文对照（0.25）；

（9）字体清晰（0.25）；

（10）便于查阅（0.25）。

考评方法：现场观察。

扣分点：（4）（6）（8）。

以往扣分情况如下：

（4）在贵宾区域未向客户公示本区域免费服务项目表；

（6）在24小时自助服务区域未向客户公示本区域免费服务项目表；

（8）公示的常用服务价格或免费服务项目表无中英文对照。

温馨提示

　　银行网点应在营业厅、贵宾及24小时自助服务区域显著位置通过至少一种方式，向客户公示本区域常用服务价格及免费服务项目表。价格公示应全面，收费服务价格、免费服务项目应一起公布，尊重客户的知情选择权。各种服务项目及价格都应中英文对照，字体清晰，便于阅读。这也是在培养一种诚信文化和诚信行为，"诚信不是一种高深空洞的理念，是实实在在的言出必行，点点滴滴的细节"（引自《马云的哲学》），细节工作做好了，会增加客户的信赖。

36 在网点内显著位置摆放或电子显示本系统全部服务价格目录册，包括对私服务、对公服务、收费项目、免费项目，及时更新，客户查阅方便，明确生效日期。

标准示范：

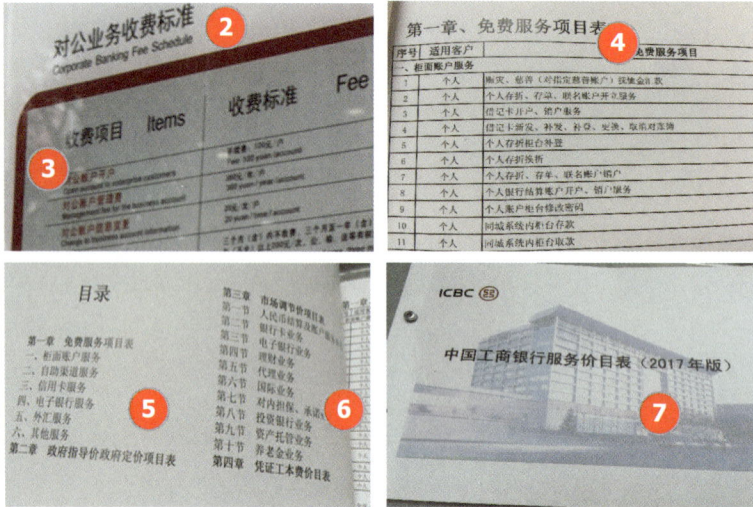

分值：6分。

分值分布（分）：

（1）在网点内显著位置摆放或电子显示本系统全部服务价格目录册，包括对私服务（0.5）；

（2）对公服务（0.5）；

（3）收费项目（0.5）；

（4）免费项目（0.5）；

（5）及时更新（1）；

（6）客户查阅方便（1）；

（7）明确生效日期（2）。

考评方法：现场观察与体验。

扣分点：（6）。

以往扣分情况如下：

（6）网点把服务价格目录册放在桌面内侧的柜子里，客户查询不方便，需要时再拿出来。

温馨提示

　　全系统全部服务价格目录册一般摆放在大堂经理（咨询引导）台，或其他显著位置，便于客户查阅。随着外宾的增加，为了方便外宾客户办理业务，可把服务价格目录册做成中英双语对照册。如下图所示。

37　及时在网点显著位置公告各类服务变更调整、价格变动信息，明确生效日期。

标准示范：

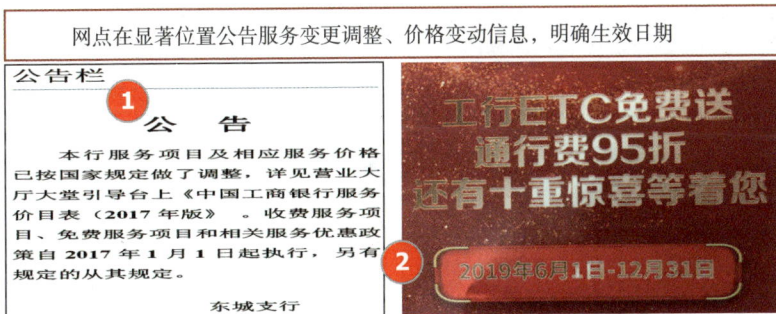

分值：5分。

分值分布（分）：

（1）及时在网点显著位置公告各类服务变更调整、价格变动信息（3）；

（2）明确生效日期（2）。

考评方法：现场观察。

扣分点：无。

以往扣分情况如下：

无。此条在历次考评中未扣过分。

38 以电子屏显或电子自助查询系统、行情分析系统查询等形式，向客户提供本币存贷款利率、外币存款利率、外汇牌价、基金净值、贵金属价格等信息。

标准示范：

个人人民币存款利率

项目	执行利率（%）
一、活期存款	0.30
二、定期存款	
（一）整存整取	
三个月	1.65
半年	1.95
一年	2.25

① 公司人民币存款利率

项目	基准利率（%）
一、活期存款	0.350
二、定期存款	
（一）整存整取	
三个月	1.350
半年	1.550
一年	1.750

电子屏显

② 人民币贷款基准利率表（%）

一、短期贷款	4.35
一年以内（含一年）	
二、中长期贷款	4.75
一至五年	
三、长期贷款	4.9
五年以上	

③ 外币存款利率表（%）

货币	活期	三个月	六个月	一年
美元	0.1000	0.4000	0.7500	1.0000
英镑	0.1250	0.3500	0.6000	0.7500
欧元	0.1000	0.6500	0.9500	1.1500
港币	0.0200	0.2500	0.5000	0.7000

人民币即期外汇牌价

5月20日 星期三

货币名称	现汇买入价	现钞买入价	卖出价
④ 英镑	1005.33	984.13	1013.4
港币	88.14	87.44	88.48
美元	683.33	677.66	685.85
瑞士法郎	631.49	618.18	636.57
新加坡元	471.76	461.81	475.53
瑞典克朗	84.14	82.36	84.81

⑤ 基金净值表（元）

代码	基金简称	净值
009317	金信核心竞争力	1.4822
006122	华安低碳混合	1.4607
159937	博时黄金 ETF	3.7778
518880	华安黄金易 ETF	3.7786

行情系统

序号	实物金简称	价格
1	中信金	250.54
2	AU100 投资金条	238
3	人民币金	238.54
4	人民币铂	202.29

贵金属价格 单位：克

产品名称：天天盈1号
销售日期：开放期
币种：人民币
起点金额：5万元
期限：T+0
产品类型：非保本浮动
风险等级：较低PR2

天天盈1号
随心理财天天盈利

分值： 7 分。

分值分布（分）：

（1）以电子屏显或电子自助查询系统、行情分析系统查询等形式（2）；

（2）向客户提供本币存贷款利率（1）；

（3）外币存款利率（1）；

（4）外汇牌价（1）；

（5）基金净值（1）；

（6）贵金属价格（1）等信息。

考评方法： 现场观察。

扣分点：（1）（3）（4）（6）。

以往扣分情况如下：

（1）网点没有电子屏显公示或电子自助查询系统、行情分析系统等；

（3）未显示外币存款利率，因为没有开办此项业务；

（4）未显示外汇牌价；

（6）未显示贵金属价格，也因为没有开办此项业务。

温馨提示

以电子屏显或电子自助查询系统、行情分析系统查询等形式向客户提供相关信息，并不是说一定要有以上这么多块屏幕。而是应利用现代科技手段推进无纸化办公，倡导用电子屏显公示银行各类产品价格。只要能显示以上内容，方便客户查询，用两屏、三屏、多屏均可。也可提供一台或多台电脑（笔记本）供客户自助查询相关信息。

39 产品宣传内容符合有关规定，能全面、如实、客观地反映产品的重要特性，语言表述真实、准确、清晰，不得宣传产品预期收益率。

标准示范：

分值：6分。

分值分布（分）：

（1）产品宣传内容符合有关规定（2）；

（2）能全面、如实、客观地反映产品的重要特性（1）；

（3）语言表述真实、准确、清晰（1）；

（4）不得宣传产品预期收益率（2）。

考评方法：现场观察。

扣分点：（4）。

以往扣分情况如下：

（4）宣传产品预期收益率。

温馨提示

　　产品宣传内容应符合有关规定，尤其资管新规出台后，理财产品的宣传要符合资管新规的要求，以免触犯监管政策而受处罚。每一款产品的宣传都要全面、如实、客观，让客户能对该款产品有一个全面的了解；语言表述真实、准确、清晰，无虚假、过期宣传，不夸张，不误导客户。尤其要说明产品的风险程度，理财产品募集资金的投资去向，受宏观政策和市场波动因素的影响程度等，这是诚信文化的基本要求。不宣传产品预期收益率，可多宣传推广净值型产品，以后会完全转型到净值型产品，这也是贯彻落实监管部门的指示精神。

40　以公告栏公示或客户提示卡等方式，提示本网点业务办理高低峰时段信息、周边区域本行或他行其他营业网点的地址和联系电话。

标准示范：

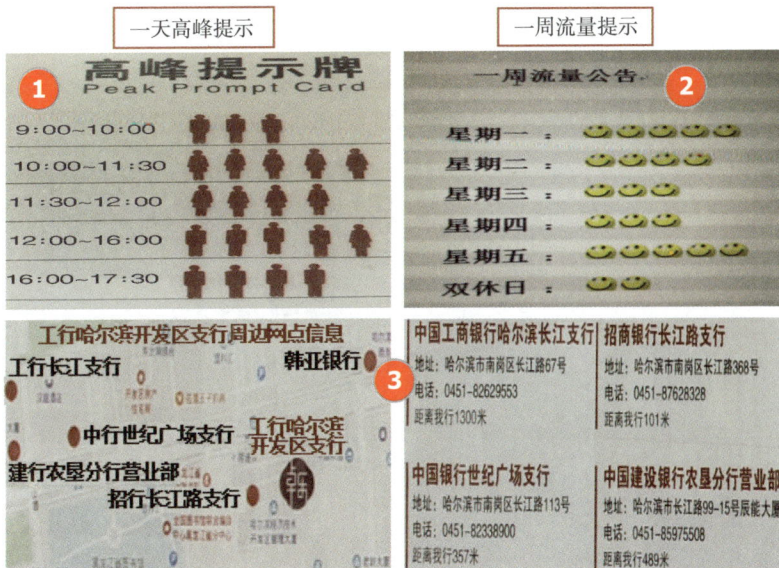

分值：5分。

分值分布（分）：

（1）以公告栏公示或客户提示卡等方式（1）；

（2）提示本网点业务办理高低峰时段信息（2）；

（3）周边区域本行或他行其他营业网点的地址和联系电话（2）。

考评方法：现场观察。

扣分点：（3）。

以往扣分情况如下：

（3）没有公示周边区域他行营业网点的地址和联系电话。

温馨提示

　　银行网点一周流量公告和一天高峰提示应综合反映对公和个人金融业务量。以公告栏公示或其他方式提示网点业务办理高低峰时段信息，有利于客户自行调整时间，错峰来到银行办理业务，减少抱怨，提高客户满意度。提示周边网点数量不限，在提示周边区域本行网点的同时，提倡提示他行营业网点的地址和联系电话。

　　有的网点对公示周边区域他行营业网点的地址和联系电话有些顾虑，担心公示后客户会流失。我在某个省验收百佳网点时，就发现该网点未公示周边区域他行营业网点的地址和联系电话，作为一个问题提出后，该省行分管领导就提出说怕客户流失才未公示。其实这里面有几个问题需要申报网点注意。一是百佳、千佳网点是全国银行业20多万个网点的标准示范单位，是全行业学习的榜样，要有行业胸怀；二是公示周边地区他行网点信息本身就是为客户提供的一项服务；三是是践行"以客户为中心"理念的具体体现；四是若不公示，客户也能发现和找到其他银行机构的网点；五是要有信心，不怕与其他网点比服务。

41　提供常办业务简介、风险提示等，内容包括所需证件、办理渠道、流程等必要手续提示。

标准示范：

业务种类及范围 Types and scope of services	办理渠道 Processing channels	能否代理 Agent service allowed or not
对公资信证明 Credit Certification for corporate client	柜面 Counter	可以代理 Agent service is allowed

业务种类及范围 Types and scope of services	办理渠道 Processing channels	能否代理 Agent service allowed or not
卡密码解锁，交易密码修改 Bankcard password unlocking; transaction password modification	自助设备（密码修改）、智易通、手持终端、柜面 Self-service equipment (password change), Smart Easy, handheld terminal, counter	不可代理 Agent service is not allowed

风 险 提 示
Risk cues

尊敬的客户：

为了您的资金安全，在日常生活中请注意下列几点：一、请主动配合金融机构进行身份识别：开立账户时，请带好您的身份证件，办

Dear Customer:
Please pay attention to the following reminders to keep your funding secured. 1. Please cooperate with the financial institution for identification. If you want to open a bank account, or if you want to deposit or withdraw

业务办理所需证件和注意事项
Documents required and Notes in handling business

客户提交法人身份证原件、经办人身份证原件（委托办理时提供）等资料，填写相关业务表单。网点审核无误后，予以办理。

You should provide the original ID card of the legal person and the original ID card of the handling manager of your company (when entrusting the manager to handle), and fill in the relevant business forms. And it can be handled after they are reviewed by outlet personnel who deemed it correct after checking.

业务办理所需证件和注意事项
Documents required and Notes in handling business

需要提供本人有效身份证件。

You need to provide your valid ID card.

分值：3 分。

分值分布（分）：

（1）提供常办业务简介（1）；

（2）风险提示（1）等；

（3）内容包括所需证件、办理渠道、流程等必要手续提示（1）。

考评方法：现场观察。

扣分点：无。

以往扣分情况如下：

无。此条在历次考评中未扣过分。

温馨提示

　　常办业务简介、风险提示，以及办理业务所需证件、办理渠道、流程和范围等提示，采用文字图册、板报、电子显示屏、折页、卡片等形式均可，只要能帮助指导客户顺利办理业务便可。

2.3　环境安全

主要标准与分值

	环境安全（20分）	
42	网点水、电、气、火等方面无安全隐患，配备灭火器等消防设施。网点内各类设施与物品无安全隐患，适当位置设置必要的安全风险提示标识，切实保障消费者的人身和财产安全。	6
43	确保录像监控覆盖网点自属管辖区域，客户活动均在监控范围内。监控影像资料保存完整，声像清晰，在监管机构规定的保存期内可随时精准检索和调阅。	4
44	24小时自助服务区域内每台具备存款、取款、转账功能的自助机具设置应急呼叫装置（按钮），位置合理，标识醒目，响应及时。	5
45	在电子银行、贵宾服务区域为客户提供与网上银行等线上渠道对接的设施或智能设备，相关风险提示、客户信息安全及私密保护措施到位。	5

42　网点水、电、气、火等方面无安全隐患，配备灭火器等消防设施。网点内各类设施与物品无安全隐患，适当位置设置必要的安全风险提示标识，切实保障消费者的人身和财产安全。

　　标准示范：

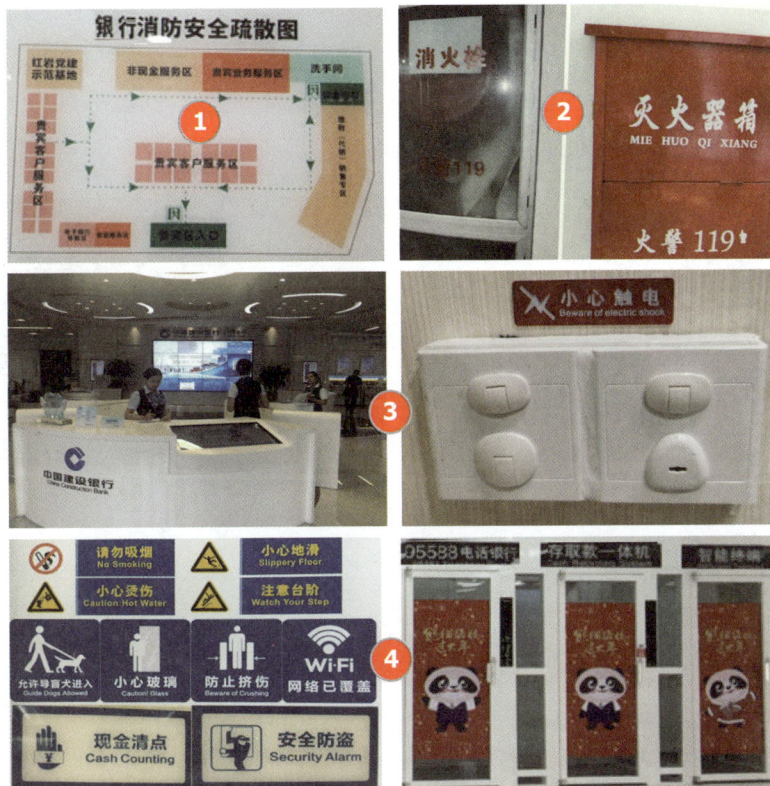

分值：6分。

分值分布（分）：

（1）网点水、电、气、火等方面无安全隐患（2）；

（2）配备灭火器等消防设施（1）；

（3）网点内各类设施与物品无安全隐患（2）；

（4）适当位置设置必要的安全风险提示标识（1），切实保障消费者的人身和财产安全。

考评方法：现场观察。

扣分点：（4）。

以往扣分情况如下：

（4）营业厅内外台阶未设置"小心台阶"，雨天未置放"小心地滑"，热饮处未提示"小心烫伤"，玻璃墙面未贴"小心玻璃"，或在办理业务的区域未设置一米线等。

以下情形便会扣减相应分值：银行网点门前有十多个台阶，但未做任何"小心台阶"免责提示，且地面光滑，客户一旦不小心摔落台阶，后果不堪设想。如下图所示。

温馨提示

　　银行网点应切实保障好消费者的人身安全。灭火器等消防设施应接受消防部门的指导，正确摆放与使用。注意保持灭火设备内灭火材料的时效性。在网点适当位置设置必要的安全风险提示标识，可以有效避免客户发生意外伤害，同时也可使网点减少或避免法律风险。曾经有一个网点雨天未在门口台阶及时放置"小心地滑"标牌，恰有一位老人不慎摔倒跌落台阶，造成腿部骨折。老人与网点打官司，结果网点败诉，赔偿老人医疗费、治疗费、伤痛补偿费等92万元。谁来网点办业务跌倒都是一件令人痛心的事，所以，网点一定要将各种免责标牌置放到位，提示清楚。细微之处见真情，这些标牌的使用也是有讲究的。如"小心台阶"的用法，从实践来看，易被忽视的问题有三个：一是上下都未做提示。二是只在给客户使用的区域台阶处做提示，而内部员工使用的台阶未做提示，给人的感觉是内部员工可以摔倒。但员工也需要关爱，员工是网点内最重要的资源。客户与员工上下台阶都应有安全提示，都不可以摔倒。三是单向只对上台阶做提示，下台阶不提示。其实，下台阶摔倒比上台阶摔倒受伤程度严重得多。上台阶摔倒一般会趴在台阶上，而下台阶摔倒，整个身子都会滚下去。正确的用法是台阶上下双向分别在第一阶做"小心台阶"提示。如下图所示。

此外，网点应在自属管辖范围内，切实采取相应措施保护消费者的财产安全。包括：一是保障消费者来网点办理业务期间存款及自身携带财物的安全；二是保障消费者取款安全、资金汇划安全；三是保障消费者网上银行及自助设施操作安全；四是帮助消费者提升防范电信、网络诈骗的能力。现在电信、网络诈骗猖獗，网点可通过各种媒介进行宣传，帮助广大消费者提高诈骗识别能力。切实保障消费者的财产安全。如下图所示。

银行有组织地开展消保知识竞赛，不断提升网点员工消保意识和消保能力，对有效保障消费者的财产安全很有用处。例如，中国银行业协会在原银监会的指导下，组织开展了全国范围的消费者权益保护知识竞赛，共100多万名员工参与，"以赛促学，以赛代训"，极大地提高了全行业消保工作水平。如下图所示。

43　确保录像监控覆盖网点自属管辖区域，客户活动均在监控范围内。监控影像资料保存完整，声像清晰，在监管机构规定的保存期内可随时精准检索和调阅。

标准示范：

①
录像监控
覆盖全辖

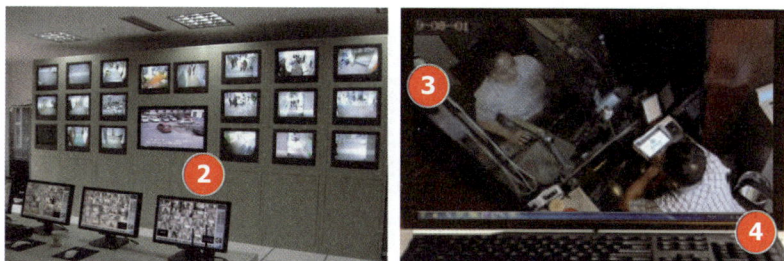

分值：4分。

分值分布（分）：

（1）确保录像监控覆盖网点自属管辖区域，客户活动均在监控范围内（1）；

（2）监控影像资料保存完整（1）；

（3）声像清晰（1）；

（4）在监管机构规定的保存期内可随时精准检索和调阅（1）。

考评方法：现场观察。

扣分点：（3）。

以往扣分情况如下：

（3）客户在银行网点自属管辖区域的监控录像不清晰，录像资料无法使用。

> **温馨提示**
>
> 银行网点要保证录像监控覆盖网点大厅、自助银行和理财等自属管辖区域，监控影像资料保存完整，声像清晰，以备查询求证之用。保护客户安全的设施该投入的要投入，而且还要保证其使用的有效性。

44 24小时自助服务区域内每台具备存款、取款、转账功能的自助机具设置应急呼叫装置（按钮），位置合理，标识醒目，响应及时。

标准示范：

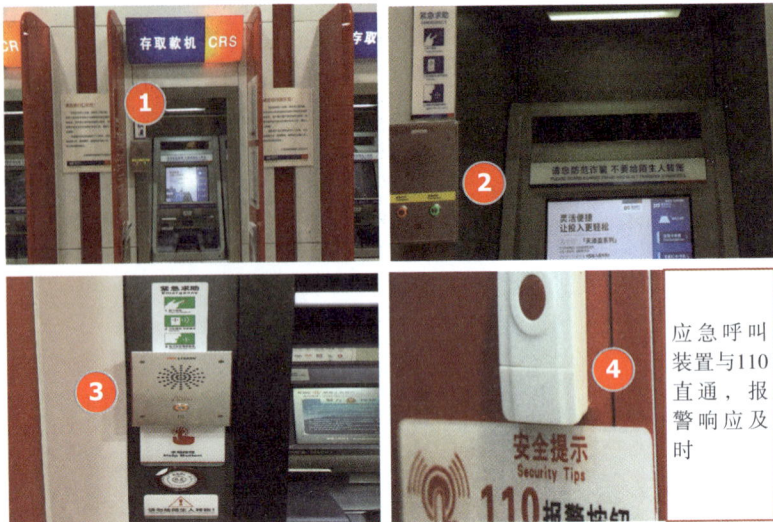

应急呼叫装置与110直通，报警响应及时

分值：5分。

分值分布（分）：

（1）24小时自助服务区域内每台具备存款、取款、转账功能的自助机具设置应急呼叫装置（按钮）（2）；

（2）位置合理（1）；

（3）标识醒目（1）；

（4）响应及时（1）。

考评方法：现场观察。

扣分点：（1）（2）。

以往扣分情况如下：

（1）24小时自助服务区内未做到在每台存款、取款、转账功能的自助机具上设置应急呼叫装置；

（2）装了应急呼叫装置（按钮），但位置不合理，不方便客户在紧急情况下使用，或在自助银行里只在某面墙上安装了一个应急呼叫装置（按钮）。

温馨提示

　　这是一条针对客户在自助银行办理业务时遭遇紧急情况的保护措施，这关系到客户生命财产安全。每个自助银行的每一台具备存款、取款、转账功能的自助机具上都应安装应急呼叫装置，并响应及时。其作用：一是威慑不法分子；二是当真有危险时供客户及时报警；三是当客户突发疾病时供其报警呼救等。为了确保客户安全和自助机具处于正常工作状态，及时发现情况和防止不法分子安装探头等侵害客户利益，网点自助机具要监控响应到位、维护管理到位。如下图所示。

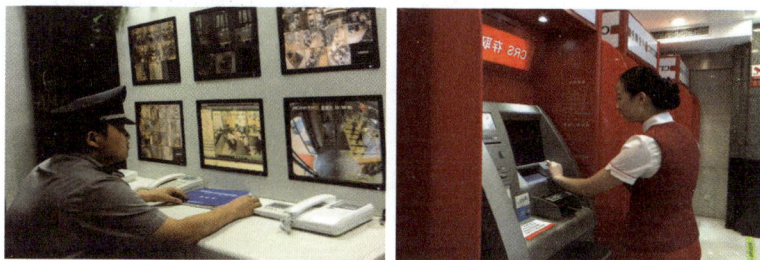

45　在电子银行、贵宾服务区域为客户提供与网上银行等线上渠道对接的设施或智能设备，相关风险提示、客户信息安全及私密保护措施到位。

标准示范：

在电子银行、贵宾服务区域为客户提供与网上银行等线上渠道对接的设施或智能设备

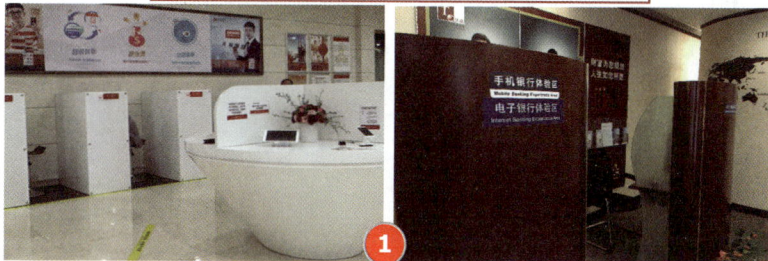

①

风险提示到位，电子银行设防偷窥屏，另加遮挡板，使客户私密保护措施到位

分值：5 分。

分值分布（分）：

（1）在电子银行、贵宾服务区域为客户提供与网上银行等线上渠道对接的设施或智能设备（3）；

（2）相关风险提示、客户信息安全及私密保护措施到位（2）。

考评方法：现场观察。

扣分点：（2）。

以往扣分情况如下：

（2）相关风险提示与客户信息安全及私密保护措施不到位。

温馨提示

　　考评标准中专门强化了网点的智能化建设，本条标准是对电子（智能）银行和贵宾服务两个区域的智能化建设做出的引导性要求。智能（慧）银行是时代金融的领跑者，有条件的银行应加大智能化投入。智能银行的优势：一是服务效率高。智能银行依托现代科技信息技术支持、人性化的服务理念，改变传统银行"客户—

柜员—设备"服务模式，实现了"客户—设备"的直接互动，可自助办理零售银行90%以上的业务和部分对公业务，大大提高了服务效率。二是服务质量好。智能柜员机等同于一名业务处理人员，触摸式、友好化、简便性的操作菜单使客户能够轻松选择自己想办理的金融业务，同时省去纸质填单的烦琐，很少出现差错。三是精准服务。凭借快速客户数据分析，员工可以掌握客户的历史服务记录，以及潜在消费需求，网点可有针对性地为客户提供量身定制的服务与产品。四是提升客户体验，增强银行产品与服务对客户的吸引力。五是节约成本。六是智能银行可解放劳动生产力。

创新金融服务渠道，提供全方位的银行、保险、基金、证券、外汇、债券、贵金属、缴费、旅游、购物等操作平台服务，智能银行引领着银行网点转型发展，甚至改变了银行网点的劳动组合形式与资源投入模式。过去客户围绕柜台转，现在柜员走出柜台围绕客户转。如下图所示。

本模块由业务功能、服务流程和特殊群体服务三部分组成，共32条。主要引导网点尽量多地提供服务产品，优化服务流程和为特殊群体提供贴心服务，满足客户多样化的金融需求。本模块共190分，各部分分值详见下表。

服务功能（190分）	
3.1 业务功能	30分
3.2 服务流程	140分
3.3 特殊群体服务	20分

3.1　业务功能

主要标准与分值

	业务功能（30分）	
46	可受理人民币存款、取款、汇款、贷款等业务。	4
47	可受理外币存款、取款，以及结售汇、货币兑换、外币汇划等业务。	5
48	可受理存单、存折、信用卡、借记卡等业务。	4
49	可受理理财、贵金属、国债、证券、代销保险、代销基金、代收代付等业务。	7
50	可受理网上银行、电话银行、手机银行等电子银行业务。	4
51	为客户提供移动金融、快捷支付、电商平台等至少两种互联网金融服务。	6

46 可受理人民币存款、取款、汇款、贷款等业务。

标准示范：

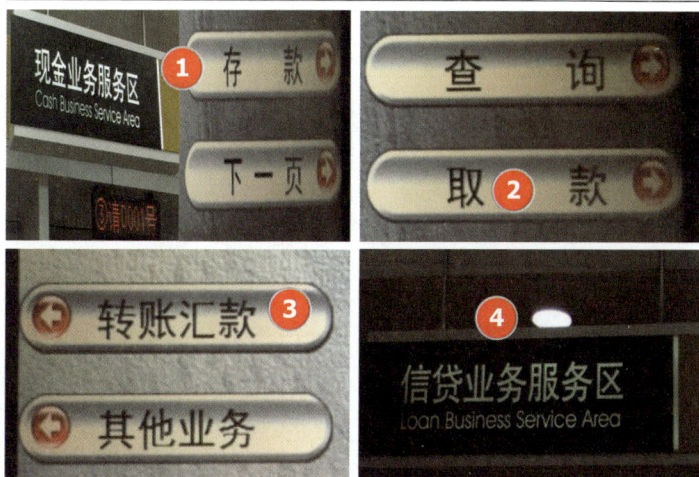

国家批准的经营范围：人民币存款、人民币取款、人民币汇款、人民币贷款

分值：4分。

分值分布（分）：

（1）可受理人民币存款（1）；

（2）取款（1）；

（3）汇款（1）；

（4）贷款等业务（1）。

考评方法：现场观察。

扣分点：（4）。

以往扣分情况如下：

（4）无贷款业务。

温馨提示

　　银行网点大小不同和业务功能不同在人民币业务上存在差异，这很正常。无条件开办公司融资业务的网点应尽量开办个人消费贷款、信用卡授信等个人融资业务。

47 可受理外币存款、取款，以及结售汇、货币兑换、外币汇划等业务。

标准示范：

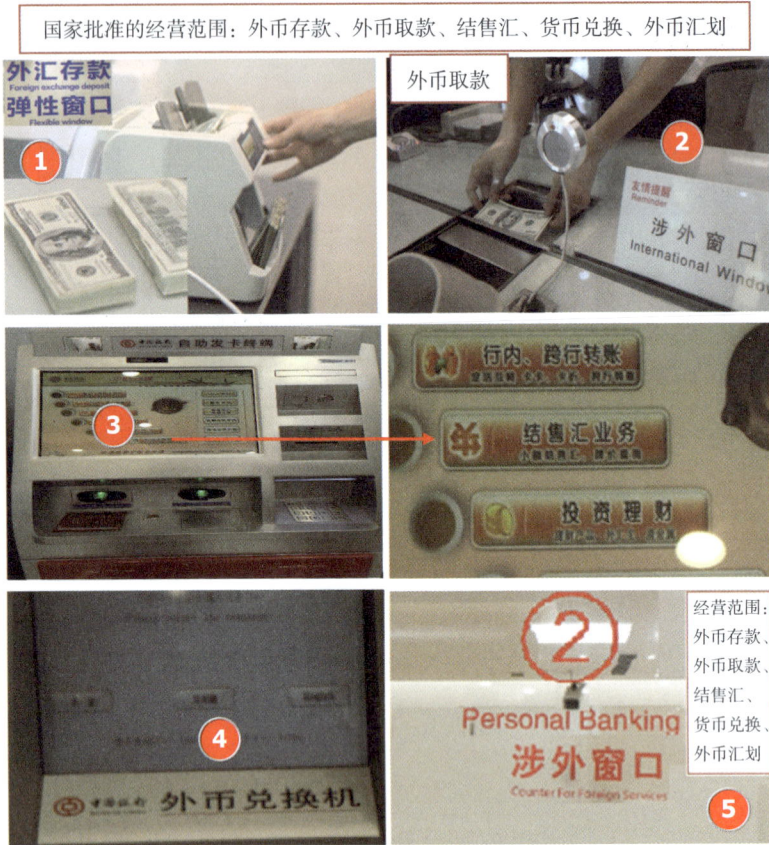

分值：5分。

分值分布（分）：

(1) 可受理外币存款（1）；

(2) 取款（1）；

(3) 结售汇（1）；

(4) 货币兑换（1）；

(5) 外币汇划等业务（1）。

考评方法：现场观察。

扣分点：（1）（2）（3）（4）（5）。

以往扣分情况如下：

（1）～（5）网点未开办外汇业务。或开办外汇业务了，但品种不全，缺一项扣一分。

> **温馨提示**
>
> 　　中国人民银行和国家外汇管理局对开办外汇业务有明确的准入条件和要求，各网点定位不同，是否开办外汇业务由各行根据自身发展战略和条件而定。但若具备条件又有需求，还是应积极争取开办此项业务，因为未来外汇业务将会非常普及。

48　可受理存单、存折、信用卡、借记卡等业务。

标准示范：

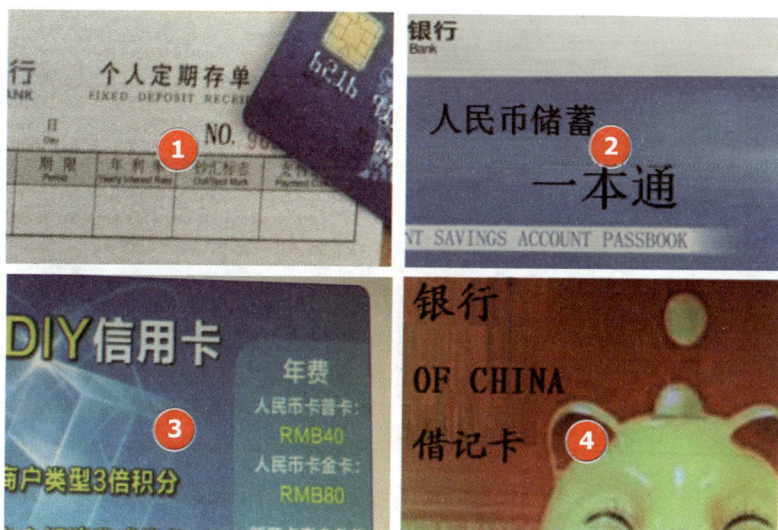

分值：4分。

分值分布（分）：

（1）可受理存单（1）；

（2）存折（1）；

（3）信用卡（1）；

（4）借记卡等业务（1）。

考评方法：现场观察。

扣分点：（3）。

以往扣分情况如下：

（3）不能办理信用卡业务。

温馨提示

　　这些业务是一个网点最基础的服务品种，网点应该尽量开办齐全，以满足客户的基本服务需求。这些业务多能通过自助设备办理，网点员工应尽量辅导和帮助客户自助办理。

49　可受理理财、贵金属、国债、证券、代销保险、代销基金、代收代付等业务。

标准示范：

有授权，有保险兼业代理许可证等，网点可受理理财、贵金属、国债、证券、代销保险、代销基金、代收代付等业务

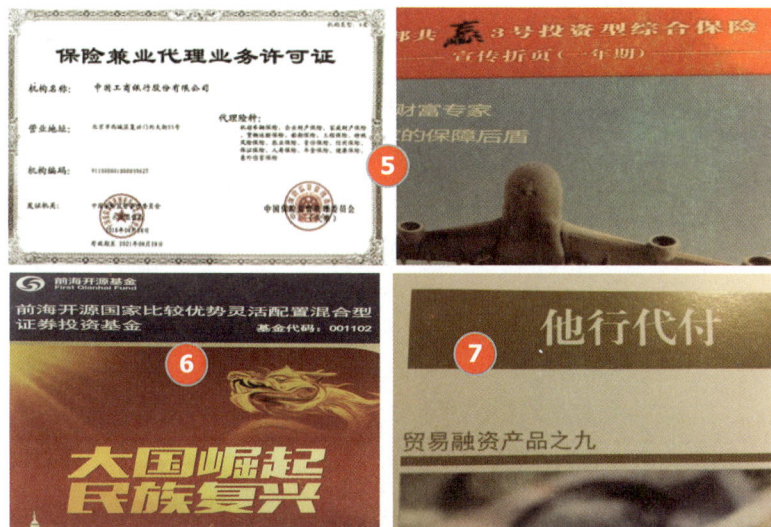

分值： 7 分。

分值分布（分）：

(1) 可受理理财（1）；

(2) 贵金属（1）；

(3) 国债（1）；

(4) 证券（1）；

(5) 代销保险（1）；

(6) 代销基金（1）；

(7) 代收代付等业务（1）。

考评方法： 现场观察。

扣分点：（2）（4）。

以往扣分情况如下：

(2) 无贵金属业务；

(4) 无证券业务。

温馨提示

　　本条标准是鼓励网点尽量开办上述（不限）中间业务。中间业务是银行网点转型的首选，也是银行改善业务结构，进而改善收入结构的必经之路。近年来，各银行为了增加中间业务收入而加大投入，全力以赴打拼中间业务市场。

50 可受理网上银行、电话银行、手机银行等电子银行业务。

标准示范：

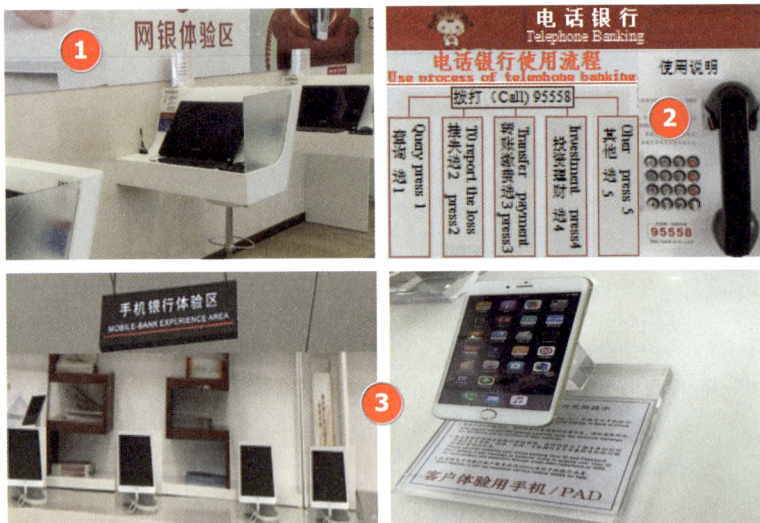

分值：4 分。

分值分布（分）：

（1）可受理网上银行（1）；

（2）电话银行（1）；

（3）手机银行等电子银行业务（2）。

考评方法：现场观察与体验。

扣分点：（3）。

以往扣分情况如下：

（3）不能受理手机银行，或手机银行功能不全，不方便使用。

> **温馨提示**
>
> 　　网上银行、电话银行、手机银行是商业银行业务发展的重点方向，哪家银行在这方面舍得投入，将会在未来市场抢占先机。尤其是手机银行已成为人们的移动银行终端、金融顾问、生活助理等。现在人们出门可以不带钱包，但不能不带手机，因为手机本身就是钱包。

51　为客户提供移动金融、快捷支付、电商平台等至少两种互联网金融服务。

标准示范：

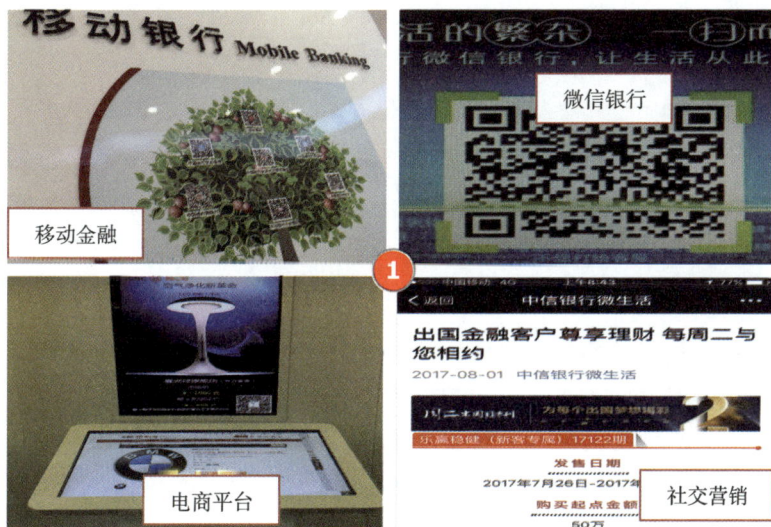

分值： 6分。

分值分布（分）：

（1）为客户提供移动金融、快捷支付、电商平台等至少两种互联网金融服务（6）。

考评方法： 现场观察。

扣分点：（1）。

以往扣分情况如下：

（1）仅有一种互联网金融服务。

温馨提示

　　以上互联网金融服务只要具备两种就可以得到6分。如此定标准也是希望银行紧跟互联网金融步伐，改革创新，跟上时代。本条标准引导网点一是打造具有金融服务特色的电商平台。这是把控住商品流、信息流、资金流的一个重要选择，也是商业银行转型成为"金融＋信息"服务提供商的基础建设。二是支付创新。商业银行应充分发挥自身金融服务专长，主动融入互联网金融生态变革大局，努力成为互联网金融创新的引领者。例如，建设银行就与阿里巴巴、蚂蚁金服开展战略合作，销售理财产品，并与支付宝二维码互扫互认等。三是融资创新。银行可利用有牌照、资金优势，特别是互联网企业难以企及的风险管理技术、经验和人才的优势，针对客户迅速增长的网络融资需求，抓紧从制度、机制、流程等方面对现有融资产品进行互联网化改造，实现客户营销的精准化、业务审批的自动化以及风险控制的模型化，设计开发出更多可以直接在线上办理、更贴合客户需求的产品。四是投资理财创新。借鉴互联网理财"客户门槛低、操作更便捷、产品标准化"的理念，对现有投资理财产品进行电商化改造，改善操作和交易体验，开发针对"长尾"客户的低购买起点、高流动性的互联网专属便民理财产品，扩大普惠金融服务范围。更为重要的是发挥好银行专业优势，丰富账户交易类、贵金属等投资产品，满足客户投资、避险等不同需求。如下图所示。

3.2　服务流程

主要标准与分值

	服务流程（140 分）	
52	网点按照公示的时间营业，保证满时点服务。	6
53	网点加强柜面统筹管理，灵活安排窗口，保持业务办理畅通，强化客户等候管理，适时进行情绪安抚，无因客户排长队而投诉的现象。	8
54	实行首问负责制，认真对待客户提问，不搪塞、不推诿，需同事协助时及时启用联动服务，并将客户推介至相关区域或岗位人员。	6
55	建立联动响应服务机制，各岗位通过配置呼叫设备、使用管理手语等方式，实现各服务环节的互动交流、联动协作服务，各岗位衔接顺畅，客户服务流程合理。	6
56	坚持"先外后内"的服务原则，在客户办理业务过程中，始终关注客户业务办理的情况和进程。	6
57	建立弹性服务制度，实行弹性排班，视情况合理交叉使用针对各类客户群体配置的服务人力、窗口、机具等资源，提高业务办理效率。	10
58	借助大数据、云计算等金融科技手段优化业务流程，提升客户体验。	6
59	有必要的监测设施与手段对 24 小时服务区域内的设备运行情况实施监测，确保加装钞及时、响应客户应急需求（吞卡、钞）及时。	6
60	严格执行业务管理制度，不得违规办理业务；定期向对公客户发起对账，发放率及对账率符合监管部门和上级行的要求。	3
61	认真履行合同义务，在关系到客户重大权益的问题上，积极通过事先与客户约定的各类信息提示渠道和方式，主动告知相关信息。	6

续表

服务流程（140 分）		
62	在办理业务时，保证各项条件公正透明，严格履行告知义务并尊重客户自愿选择；最大限度地公开工作流程，公平对待消费者；严禁虚假承诺、捆绑销售等违法违规行为。	6
63	贯彻落实客户信息保护内控制度，妥善保管客户资料，尊重客户隐私权；除有权机关要求按照法律法规规定的程序提供客户信息外，未经消费者授权，不得向第三方机构或个人提供消费者的姓名、证件类型及证件号码、电话号码、通信地址及其他敏感信息。	10
64	未经消费者同意，不得以各种形式向其推送各类服务和产品信息；无违规查询个人信用信息、盗用他人身份信息、损害他人信用记录的行为。	6
65	向客户提供服务前，告知收费与否及各个服务环节的计费标准（包括减免优惠政策）和收费金额，充分尊重客户知情权；实际收取的服务费用与公示相符。客户明确表示不接受相关服务价格的，不得强制客户接受服务。	10
66	充分尊重消费者自主选择权，不得采用引人误解的手段诱使消费者购买其他产品，不得擅自代理消费者办理业务，不得擅自修改消费者业务指令。	6
67	尊重消费者公平交易权，不得加重消费者责任，限制或排除消费者合法权利。不得通过附加限制性条件方式，要求消费者购买协议中未作明确的产品和服务。	6
68	为客户提供查询金融产品信息的渠道和相关服务，方便客户通过本行产品信息查询平台，查询全部在售及存续期内金融产品的基本信息、风险信息变动情况，使客户能够明确区分本行自有产品和代销产品。	6
69	在产品销售专区内实现自有理财产品与代销产品销售过程全程同步录音录像，完整客观地记录营销推介、相关风险和关键信息提示、客户确认和反馈等重点销售环节；录制过程中保护客户隐私，注重客户体验；妥善留存客户已明确知晓产品重要属性和风险信息的相关证据。	12
70	加强对产品销售录音录像录制和保存的管控，严格防控录音录像信息泄露风险，确保录音录像的录制和保存不受人为干预或操纵。产品销售录音录像资料保存完整，声像清晰，监管机构规定的保存期内可随时精准检索和调阅；其中，产品销售录像中可明确辨别银行员工和客户面部特征，录音可明确辨识员工和客户语言表述。	15

52 网点按照公示的时间营业，保证满时点服务。

标准示范：

分值： 6 分。

分值分布（分）：

（1）网点按照公示的时间营业，保证满时点服务（6）。

考评方法： 调看监控录像。

扣分点： 无。

以往扣分情况如下：

无。此条在历次考评中未扣过分。

温馨提示

　　营业网点应按营业时间提供满时足点服务，遇特殊情况延迟开门营业或提前结束营业的，应提前进行公告。因事发突然来不及公告的，则应耐心做好解释和安抚工作。

开门迎客五部曲：一是营业前早上8:30，员工准时到大厅召开晨会，8:45～9:00，各岗位人员做好班前准备，全体服务人员含大堂经理、大堂助理、理财人员、柜员以及合作方员工全部到岗，规范仪容仪表，包括化好淡妆、佩戴号牌、着装规范等。九点整网点准时开门迎客，举行"开门礼仪"。

二是各岗位人员岗前自查：引导台物品摆放是否整齐；叫号设备是否正常；各服务区域内（含自助服务区）设备是否开机；贵宾服务区域内各电器设备的运行是否正常；宣传资料是否在有效期内；书刊报纸是否摆放整齐、是否为最新出版；填单台各类凭条是否充足；服务区域内液晶电视是否开启且能正常播放等。

三是有音响条件的网点可提前两分钟播放大厅广播提示马上将开门迎客，请全体工作员工做好最后的准备，以良好的状态迎接第一批顾客的到来。

四是营业厅开门及开门后的5分钟内，大厅内轻声播放迎宾曲，大堂服务人员在进门处两侧排成队列，主动迎接客户。柜员及理财人员均在各自工作岗位上站立迎接客户。

五是当客户进入营业厅时，各岗位工作人员要以规范站姿，向客户微笑点头致意，真诚主动地问候"早上好，欢迎光临""请到这边取号""先生理财请跟我来"。如遇重大节日如春节、中秋节等，每位迎宾人员需向客户主动问候"新年好，欢迎光临"或"节日好，欢迎光临"。此外，还可统一着中国民族文化服装，如旗袍等。如下图所示。

员工身着旗袍工装另有一番独到的民族文化风味

下班送客三部曲：一是有条件的网点下午下班时可轻声播放音乐（萨克斯曲、钢琴曲、轻音乐等），让一天的营业在轻松中结束。

二是对于下午下班前进入银行网点的客户，应将其所需办理业务办理完毕。

三是大堂服务人员在大门两侧站立，友好目送最后一批客户。举行"关门礼仪"，并主动问候"请慢走，谢谢光临"。

53 网点加强柜面统筹管理，灵活安排窗口，保持业务办理畅通，强化客户等候管理，适时进行情绪安抚，无因客户排长队而投诉的现象。

标准示范：

分值：8分。

分值分布（分）：

（1）网点加强柜面统筹管理（1）；

（2）灵活安排窗口（1）；

（3）保持业务办理畅通（1）；

（4）强化客户等候管理（2）；

（5）适时进行情绪安抚（1）；

（6）无因客户排长队而投诉的现象（2）。

考评方法：现场观察，观看录像。

扣分点：无。

以往扣分情况如下：

无。此条在历次考评中未扣过分。

温馨提示

　　银行网点应尽量调配好服务人员与窗口，强化客户等候管理。一般而言，客户若能在20分钟内办理上业务，就不会投诉。若客户等候时间超过20分钟，网点就应及时采取措施，或安排弹性窗口等。网点可设立"快速通道"，加强快速窗口的管理，大堂经理可让符合条件的客户到"快速通道"办理快速业务，保持快速窗口的畅通。若快速窗口出现了排长队现象，一是大堂服务人员应主动上前询问，有填单需要的指导客户提前填好单子，能在自助设备上办理的引领客户到自助设备上办理。二是遵循前者优先原则，将大厅客户引领分流到理财室办理业务，主动强化客户等候管理。

54 实行首问负责制，认真对待客户提问，不搪塞、不推诿，需同事协助时及时启用联动服务，并将客户推介至相关区域或岗位人员。

标准示范：

1.女士，您好！请问您要办理什么业务？

2. 您好，我想买款黄金饰品，不知道哪款适合我？

3. 好的，我行最近上了一批新款，我马上呼叫销售经理……

5. 女士，请跟我到贵金属柜台，销售经理在等您……

4.大堂经理呼叫销售经理

分值：6分。

分值分布（分）：

（1）实行首问负责制（2）；

（2）认真对待客户提问，不搪塞、不推诿（1）；

（3）需同事协助时及时启用联动服务（2）；

（4）将客户推介至相关区域或岗位人员（1）。

考评方法：现场观察，调阅监控录像。

扣分点：（1）（2）。

以往扣分情况如下：

（1）实行首问负责制不到位；

（2）对客户提问，搪塞、推诿。这两点是主要的扣分点。发现1人1次不规范扣1分，扣满6分为止。

温馨提示

　　员工应练就承担首问负责制的勇气，认真对待客户提问，仔细聆听和分析客户提出的问题，若是自己职责范围内的事，则不搪塞、不推诿，及时回答并积极帮助客户解决问题。若需同事协助时及时呼叫联动服务，将客户推介至相关区域或岗位人员，并与同事一起帮客户办好业务。实行首问负责制，能够练就员工独当一面的能力，并产生在内在动力驱动下去学习钻研业务的冲动。这对一个人的职业生涯与职业进步很有帮助。

55　建立联动响应服务机制，各岗位通过配置呼叫设备、使用管理手语等方式，实现各服务环节的互动交流、联动协作服务，各岗位衔接顺畅，客户服务流程合理。

标准示范：

呼叫联动呼叫器，可供内部使用和外部客户使用

分值：6分。

分值分布（分）：

（1）建立联动响应服务机制（2）；

（2）各岗位通过配置呼叫设备、使用管理手语等方式（1）；

（3）实现各服务环节的互动交流、联动协作服务（1）；

（4）各岗位衔接顺畅（1）；

（5）客户服务流程合理（1）。

考评方法：现场观察，调阅相关制度、客户意见簿。

扣分点：（1）（2）。

以往扣分情况如下：

（1）营业厅各岗位之间未建立联动响应服务机制；

（2）没有给员工配置呼叫设备，没有内部人员管理手语联动服务模式。

温馨提示

　　网点营业大厅各岗位之间应建立起联动响应服务机制，给员工配置呼叫设备，配合管理手语模式，使各服务环节进行互动交流、联动协作服务。同时在客户休息等候区、填单台、互联网金融体验区、理财区等区域的设施上配置固定呼叫按钮，使客户与大堂服务人员实现互动交流，有利于大堂服务人员较好地为客户提供辅导服务。

56 坚持"先外后内"的服务原则，在客户办理业务过程中，始终关注客户业务办理的情况和进程。

标准示范：

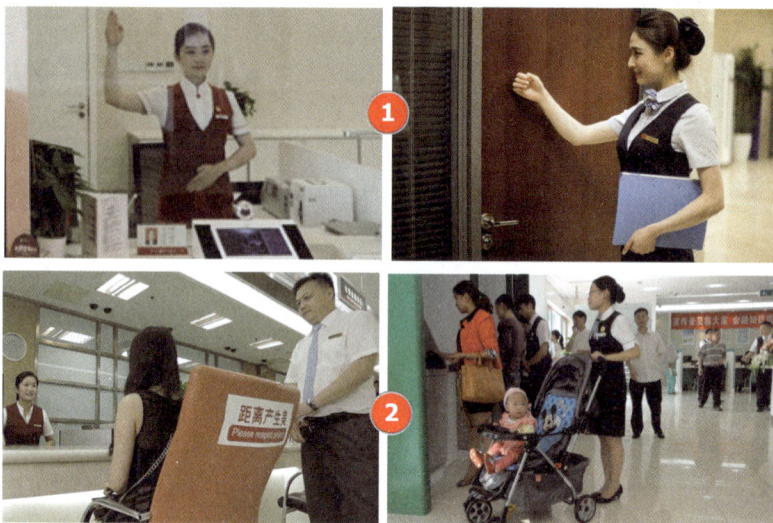

分值： 6分。

分值分布（分）：

（1）坚持"先外后内"的服务原则（3）；

（2）在客户办理业务过程中，始终关注客户业务办理的情况和进程（3）。

考评方法： 现场观察，调阅监控录像。

扣分点：（2）。

以往扣分情况如下：

（2）在客户办理业务过程中，服务人员未关注客户业务办理的情况和进程，而是抽身去做别的事，离开时又未跟客户打招呼。

> **温馨提示**
>
> 这条标准充分体现了对客户的尊重。有客户办理业务时一定要先给客户办理，之后无客户办理业务时方可进行内部整理，或内部事务处理。这样能有效避免客户抱怨与投诉，对提高客户满意度有显著效果。切不可先忙完内部整理工作后再来为客户办理业务。

57 建立弹性服务制度，实行弹性排班，视情况合理交叉使用针对各类客户群体配置的服务人力、窗口、机具等资源，提高业务办理效率。

标准示范：

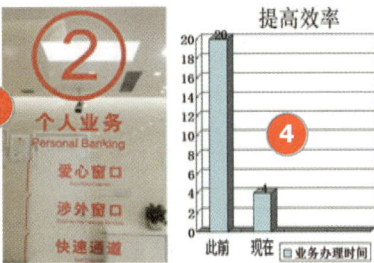

分值：10 分。

分值分布（分）：

（1）建立弹性服务制度（3）；

（2）实行弹性排班（2）；

（3）视情况合理交叉使用针对各类客户群体配置的服务人力、窗口、机具等资源（2）；

（4）提高业务办理效率（3）。

考评方法：现场观察，调阅排班制度、客户意见簿。

扣分点：（1）（2）。

以往扣分情况如下：

（1）未建立弹性服务制度；

（2）未实行弹性排班。

> **温馨提示**
>
> 　　网点服务应不断优化整合操作流程，缩短服务链条，提高业务办理效率；建立弹性工作制度，视每天每时刻网点排队情况实行弹性排班工作制，合理调配人力资源和窗口资源。弹性排班人员范围包括高柜人员、低柜人员、大堂经理、理财经理和客户经理。此外，对公业务和零售业务都可根据业务量等具体情况实行预处理和预约办理。营业大厅客户较多而贵宾室有空时，按号码顺序将客户引到贵宾室办理业务，合理交叉使用资源。还可将卡业务、转账业务、结售汇业务、贵金属业务、缴费、柜台预填单、基金买卖、自助发卡和金融信息查询等业务整合到自助通终端办理，提高大厅服务效率。如下图所示。

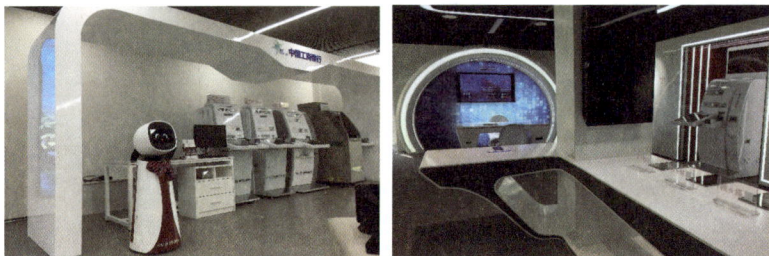

58　借助大数据、云计算等金融科技手段优化业务流程，提升客户体验。

标准示范：

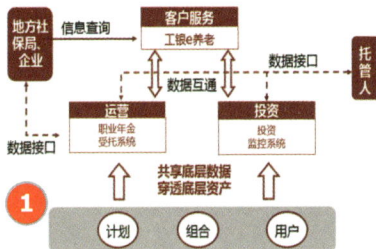

分值：6分。

分值分布（分）：

（1）借助大数据、云计算等金融科技手段优化业务流程（3）；

（2）提升客户体验（3）。

考评方法：现场观察与体验。

扣分点：（1）。

以往扣分情况如下：

（1）大数据、云计算等金融科技手段弱。

温馨提示

　　大数据、云计算、区块链等金融科技在银行的运用是大势所趋，银行要善于利用这些科技手段来改造和优化业务流程，提升业务的科技含量，提高服务效率。特别要让"大数据"强化服务功能，未来一家优秀的银行应该是具备强大的数据分析、数据解读能力的银行，从数据中洞悉商机，获取价值。尤其商业银行的交易数据和账户信息范围更广、历史更长，数据的潜在价值也更大。要利用大数据，在自动（操作）、移动（办理）、智能（个性化、机器人）、融合（银保、银证、银基）与风控等方面强化服务手段，增强客户良好体验。例如，通过大数据对某个人的支付习惯、融资习惯、投资习惯、购物习惯、出行习惯、社交习惯等行为进行分析，就能量身定制主动为其提供精准的银行金融服务，以及为其在投资、消费、出行、购物等过程中提供个性化、方便化服务。又如，5G网点现已面市，5G网点的内部布局和前中后台完全不同于传统网点的布局，高度智能化、智慧化和人性化，整个网点充满科技元素。通过大数据、云计算大大优化了业务流程，客户体验超好。如客户在网点留下的资料，通过大数据便可进行识别、梳理与存储。当这位客户走进网点时只要"刷脸"，后台便会瞬间将客户信息资料传入大堂经理手中的平板电脑上，大堂经理便能自然地迎上客户，尊称客户的姓氏职务，再根据大数据提供的客户资产情况针对性地介绍和推介产品。客户办业务时只要通过手机验证便可直接到智能柜员机上办理了，连身份证和银行卡都不用带。5G银行网点如下图所示。

北京的5G网点

59 有必要的监测设施与手段对24小时服务区域内的设备运行情况实施监测，确保加装钞及时、响应客户应急需求（吞卡、钞）及时。

标准示范：

发件人：监控中心发送
收件人：支行营业室 2020-1-6

【**银行】编号 588，吞卡；地址：市东路 23 号购物中心三层

【**银行】编号 580，钱箱缺钞；地址：市南路 15 号自助银行

监控中心发现设备吞卡、缺钞、缺纸等情况时通知网点。网点按应急方案，双人出入解决问题

分值：6 分。

分值分布（分）：

（1）有必要的监测设施与手段对 24 小时服务区域内的设备运行情况实施监测（2）；

（2）确保加装钞及时（2）；

（3）响应客户应急需求（吞卡、钞）及时（2）。

考评方法：调阅录像，逐一评分。

扣分点：（3）。

以往扣分情况如下：

（3）客户被吞卡或吞钞后得不到及时解决。

温馨提示

应强化对自助银行中自助机具的监测管理，尤其是对吞卡、钞的监测十分有必要，对于监测到吞卡、钞的情况，应及时处理；对于客户遗忘卡、钞的情况，可主动通知客户到银行来领取。这方面应制定好应急预案，并适时处理好。千万不要让吞卡、钞的一般不满问题升级为恶性事件。

60 严格执行业务管理制度，不得违规办理业务；定期向对公客户发起对账，发放率及对账率符合监管部门和上级行的要求。

标准示范：

关于严格执行人民币银行结算账户
管理规定的通知 ①

各级分行、直属营业部：

为了贯彻落实中国人民银行《人民币银行结算账户管理办法》，规范单位银行结算账户开立和销户管理，从源头上防控支付结算风险，根据《办法》规定，结合我行账户管理要求及账务处理系统运行模式，特做通知如下：

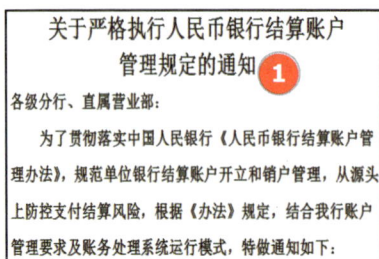

分行 2018 年 2 月银企对账统计表

机构代号	机构名称	应发对账单	已发对账单	实际发放率%	已回收对账单	实际对账率%
0301	营业室	3020	③ 3020	100%	3005	99.50%
0302	甲支行	2001	2001	100%	1998	99.85%
0303	乙支行	600	586	97.67%	580	96.67%
0304	丙支行	485	485	100%	452	93.20%
0305	丁支行	68	68	100%	68	100%
0306	戊支行	2680	2615	97.57%	2586	96.49%
合计	全辖	8854	8775	99.11%	8689	98.13%

智能打印机
Intelligent Printer
1. 财智账户卡
"Caizhi" Account Card
对账单打印
Bank Statement Printing
客户对账
Customer Account Checking

分值： 3 分。

分值分布（分）：

（1）严格执行业务管理制度，不得违规办理业务（1）；

（2）定期向对公客户发起对账（1）；

（3）发放率及对账率符合监管部门和上级行的要求（1）。

考评方法： 查阅相关制度，调阅相关对账记录、相关工作记录和客户意见簿。

扣分点：（3）。

以往扣分情况如下：

（3）账单发放率及对账率不高，未达到监管部门和上级行的要求。

温馨提示

　　业务人员应严格按照监管要求和所在行相关业务制度、业务操作规范要求，开展业务，不违规办理业务。对公业务人员应定期向客户就各类存款、贷款、保函、汇票、银行承兑汇票等账户余额和发生额进行对账，发放率及对账率都应符合监管要求。对大额账户及大额发生额应做到百分之百对账。网点可根据中国银保监会下发的《商业银行内部控制指引》要求，对存款账户实施有效管理，建立和完善银行与客户、银行与银行以及银行内部业务台账与会计账之间的适时对账制度，对对账频率、对账对象、可参与对账人员等做出明确规定，制定银企对账管理办法，按期进行统计分析，并就对账工作做简要自查报告，总结经验，协助企业进行财务管理，确保企业（公司）财务和账务的安全。如下图所示。

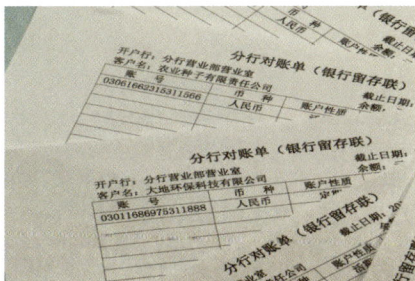

营业室银企季度对账报告

省分行：
　　根据省银监局进一步规范银企对账工作的监管意见和省分行相关工作要求，营业室本季度按规定认真开展了银企对账工作。现将具体情况报告如下：
　　一、基本情况
　　营业室本季度有对公账户3020户，已发对账单3020个，实际发放率100%；已回收对账单3005个，实际对账率99.50%。达到了省分行的对账要求率。其中大额账户和大额发生额对账率达到100%，余额全部相符。对账工作已纳入了

61　认真履行合同义务，在关系到客户重大权益的问题上，积极通过事先与客户约定的各类信息提示渠道和方式，主动告知相关信息。

　　标准示范：

分值：6分。

分值分布（分）：

（1）认真履行合同义务（2）；

（2）在关系到客户重大权益的问题上，积极通过事先与客户约定的各类信息提示渠道和方式（2）；

（3）主动告知相关信息（2）。

考评方法：查阅消保相关制度、规定、记录和相关合同协议。

扣分点：（2）。

以往扣分情况如下：

（2）在关系到客户重大权益的问题上，员工忘记通过事先与客户约定的信息提示渠道告知客户相关信息。

> **温馨提示**
>
> 《中国银监会关于印发银行业消费者权益保护工作指引的通知》第九条明确规定："银行业金融机构应当尊重银行业消费者的知情权和自主选择权，履行告知义务……"，网点应很好地理解执行这项规定，尊重消费者的知情权，通过电话、短信、网上银行、手机银行等事先约定的方式充分履行告知义务，由消费者自主选择交易。

62 在办理业务时，保证各项条件公正透明，严格履行告知义务并尊重客户自愿选择；最大限度地公开工作流程，公平对待消费者；严禁虚假承诺、捆绑销售等违法违规行为。

标准示范：

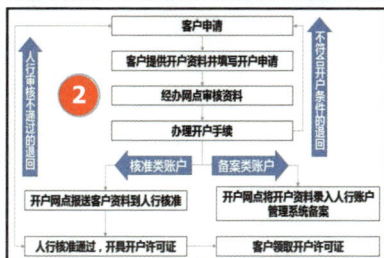

分值： 6分。

分值分布（分）：

（1）在办理业务时，保证各项条件公正透明，严格履行告知义务并尊重客户自愿选择（2）；

（2）最大限度地公开工作流程，公平对待消费者（2）；

（3）严禁虚假承诺、捆绑销售等违法违规行为（2）。

考评方法： 查阅业务资料、文档及现场考察等。

扣分点：（3）。

以往扣分情况如下：

（3）存在虚假承诺、捆绑销售等行为。

温馨提示

　　银监会和国家发展改革委联合发布的《商业银行服务价格管理办法》（2014年第1号令）要求商业银行充分披露服务价格信息，保障客户获得服务价格信息和自主选择服务的权利，保护消费者合法权益。银监会还在"七不准、四公开"中明确规定不得进行捆绑销售。银行网点应认真执行好相关规定和要求，这也是提高客户满意度的一个途径。

　　被国务院点名批评的案例：2019年11月18日，国务院办公厅督查室发布通报称，根据群众在国务院"互联网＋督查"平台反映的问题线索，国务院办公厅督查室在先期暗访的基础上协调中国银保监会及北京银保监局组成核查组赴A和B两家银行北京分行就借贷搭售进行现场核查。"核查发现，两家分行部分分支机构未积极贯彻落实国家关于深化小微企业金融服务、降低小微企业综合融资成本的部署要求，执行监管规定有令不行、有禁不止，抵押类小微企业贷款存在借贷搭售（保险）、转嫁成本等问题，变相抬升了小微企业综合融资成本，增加了小微企业负担。"具体问题是两家分行在给小微企业贷款时搭售保险，把押品评估费转嫁给企业。最终，北京银保监局向A银行罚款60万元，向B银行罚款50万元。这就很不值当了，罚款损失不说，声誉受损严重影响其社会形象，而且两年内不能申报银行业百佳和千佳示范单位。银行网点应尽量避免触碰监管红线，引发声誉风险、财务风险和业务准入风险。现在国务院办公厅督查室为督办各项事宜，专门开设了"互联网＋督查"平台，执行信息收集和督查监督职能。

63　贯彻落实客户信息保护内控制度，妥善保管客户资料，尊重客户隐私权；除有权机关要求按照法律法规规定的程序提供客户信息外，未经消费者授权，不得向第三方机构或个人提供消费者的姓名、证件类型及证件号码、电话号码、通信地址及其他敏感信息。

标准示范：

妥善保管客户资料并适时维护

分值：10 分。

分值分布（分）：

（1）贯彻落实客户信息保护内控制度（1）；

（2）妥善保管客户资料（2）；

（3）尊重客户隐私权（2）；

（4）除有权机关要求按照法律法规规定的程序提供客户信息外，未经消费者授权，不得向第三方机构或个人提供消费者的姓名、证件类型及证件号码、电话号码、通信地址及其他敏感信息（5）。

考评方法：查看信息管理制度与登记情况等。

扣分点：无。

以往扣分情况如下：

无。此条在历次考评中未扣过分。

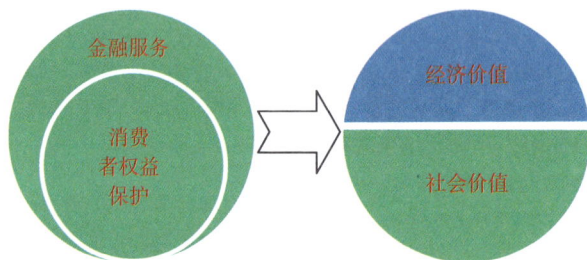

温馨提示

　　银行网点应建立客户信息保护内控制度，包括客户个人基本信息、资金财产信息、资金运作信息、银行产品使用信息等；客户资料应妥善保管；充分尊重客户隐私权；员工不得擅自对外提供客户任何信息资料。这是消费者权益保护非常重要的一项工作。金融服务与消费者权益保护工作的关系如下图所示。

64　未经消费者同意，不得以各种形式向其推送各类服务和产品信息；无违规查询个人信用信息、盗用他人身份信息、损害他人信用记录的行为。

标准示范：

① 《中国银监会办公厅关于加强银行业消费者权益保护解决当前群众关切问题的指导意见》明确规定："未经消费者同意，不得以各种形式向其推送各类服务和产品信息，保障消费者信息安全权。"

② 征信业管理条例

支行征信查询登记簿

分值：6分。

分值分布（分）：

（1）未经消费者同意，不得以各种形式向其推送各类服务和产品信息（3）；

（2）无违规查询个人信用信息、盗用他人身份信息、损害他人信用记录的行为（3）。

考评方法：查看信息管理制度、相关信息管理记录等。

扣分点：无。

以往扣分情况如下：

无。此条在历次考评中未扣过分。

> **温馨提示**
>
> 　　银行网点员工应严格执行国家关于征信管理的规定和本行的征信工作管理办法，根据业务工作需要需对企业和个人的征信进行查询的，采取亲自申请、专人查询、逐条登记的方式进行。不能违规查询个人信用信息和盗卖客户信息，也不能盗用他人身份信息和损害他人信用记录，否则将承担法律责任。

65　向客户提供服务前，告知收费与否及各个服务环节的计费标准（包括减免优惠政策）和收费金额，充分尊重客户知情权；实际收取的服务费用与公示相符。客户明确表示不接受相关服务价格的，不得强制客户接受服务。

标准示范：

关于贯彻落实《中国银监会关于印发银行业消费者权益保护工作指引的通知》的通知

各营业室、内部部室：

　　现将《中国银监会关于印发银行业消费者权益保护工作指引》印发给你们，请遵照执行。……

　　第九条　银行业金融机构应当尊重银行业消费者的知情权和自主选择权，履行告知义务，不得在营销产品和服务过程中以任何方式隐瞒风险、夸大收益，或者进行强制性交易。①

响应中国银行业公平对待消费者倡议书

为践行好《中国银行业公平对待消费者自律公约》，西城支行及全体员工将严格遵守相关条款。主动践行市场主体应尽的商业和社会责任，共同维护良好的市场秩序，推动银行业健康发展，保护消费者合法权益，促进社会和谐进步。做到：

　　（一）　依法合规经营，诚信对待消费者。

　　（二）　热情友好服务，营造和谐服务环境。

　　（三）　客观披露信息，保障消费者知情选择权。②

分值：10 分。

分值分布（分）：

（1）向客户提供服务前，告知收费与否及各个服务环节的计费标准（包括减免优惠政策）和收费金额（3）；

（2）充分尊重客户知情权（2）；

（3）实际收取的服务费用与公示相符（3）；

（4）客户明确表示不接受相关服务价格的，不得强制客户接受服务（2）。

考评方法：调阅监控录像。

扣分点：（1）。

以往扣分情况如下：

（1）向客户提供服务前，未告知收费与否及各个服务环节的计费标准或收费金额，引起客户不满意。

温馨提示

　　监管机构出台的《银行业消费者权益保护工作指引》和中国银行业协会发布的《中国银行业公平对待消费者自律公约》都明确规定，要充分保障消费者知情权、选择权，做到公买公卖，以诚相待。因此，在向客户提供服务或销售产品前一定要告知客户收费标准、本笔业务收取的金额和利率等，让客户透明消费。不能因客户不办理业务而怠慢客户。

66 充分尊重消费者自主选择权，不得采用引人误解的手段诱使消费者购买其他产品，不得擅自代理消费者办理业务，不得擅自修改消费者业务指令。

标准示范：

分值： 6分。

分值分布（分）：

（1）充分尊重消费者自主选择权（1.5）；

（2）不得采用引人误解的手段诱使消费者购买其他产品（1.5）；

（3）不得擅自代理消费者办理业务（1.5）；

（4）不得擅自修改消费者业务指令（1.5）。

考评方法： 现场观察，调阅录像。

扣分点： 无。

以往扣分情况如下：

无。此条在历次考评中未扣过分。

温馨提示

《中国银监会办公厅关于加强银行业消费者权益保护解决当前群众关切问题的指导意见》（银监办发〔2016〕25号）规定，银行在销售产品时要切实保障消费者知情权和自主选择权。售前开展消费者风险偏好测试，确保将合适的产品和服务提供给合适的消费者，不得采用引人误解的手段诱使消费者购买不合适的其他产品，不得擅自代理消费者办理业务，不得擅自修改消费者业务指令。但消费者在网点内若有其他非业务需求，如临时照看一下孩子，或共建财商启蒙小课堂，则可以允诺。如下图所示。

67 尊重消费者公平交易权，不得加重消费者责任，限制或排除消费者合法权利。不得通过附加限制性条件方式，要求消费者购买协议中未作明确的产品和服务。

标准示范：

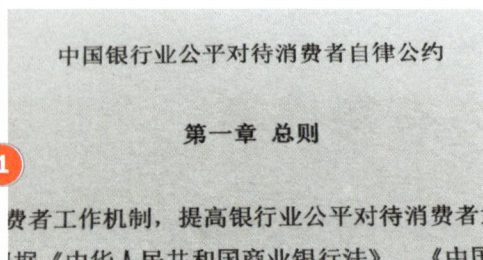

分值：6分。

分值分布（分）：

（1）尊重消费者公平交易权，不得加重消费者责任，限制或排除消费者合法权利（3）；

（2）不得通过附加限制性条件方式，要求消费者购买协议中未作明确的产品和服务（3）。

考评方法：查阅消保相关活动影像资料、客户意见簿、客户满意度调查资料等。

扣分点：无。

以往扣分情况如下：

无。此条在历次考评中未扣过分。

温馨提示

　　依法尊重消费者公平交易权，不加重消费者责任，不限制或排除消费者合法权利，不通过附加限制性条件方式，要求消费者购买协议中未作明确的产品和服务。保护消费者合法权益，就是保护客户的利益。网点或所在支行（分行）每年都应撰写出台一本消费者权益保护工作报告，或社会责任报告（中英文简要版）。好好归纳提炼，公之于众，这既能很好地体现监管部门的意旨，又能增加员工消保意识和服务意识，还有助于网点在每年度监管对银行消保工作考核评级中获得好成绩。如下图所示。

68 为客户提供查询金融产品信息的渠道和相关服务，方便客户通过本行产品信息查询平台，查询全部在售及存续期内金融产品的基本信息、风险信息变动情况，使客户能够明确区分本行自有产品和代销产品。

标准示范：

分值： 6分。

分值分布（分）：

（1）为客户提供查询金融产品信息的渠道和相关服务（2）；

（2）方便客户通过本行产品信息查询平台，查询全部在售及存续期内金融产品的基本信息（1）；

（3）风险信息变动情况（1）；

（4）使客户能够明确区分本行自有产品和代售产品（2）。

考评方法：现场观察，调阅录像等。

扣分点：无。

以往扣分情况如下：

无。此条在历次考评中未扣过分。

> **温馨提示**
>
> 　　现在网点的查询缴费机和智能终端等都能查询全部在售及存续期内金融产品的基本信息、风险信息变动情况。网点除了应为客户提供查询金融产品信息的渠道和相关服务外，还应主动帮助和辅导客户使用信息查询系统，使客户获得良好体验。

69 在产品销售专区内实现自有理财产品与代销产品销售过程全程同步录音录像，完整客观地记录营销推介、相关风险和关键信息提示、客户确认和反馈等重点销售环节；录制过程中保护客户隐私，注重客户体验；妥善留存客户已明确知晓产品重要属性和风险信息的相关证据。

标准示范：

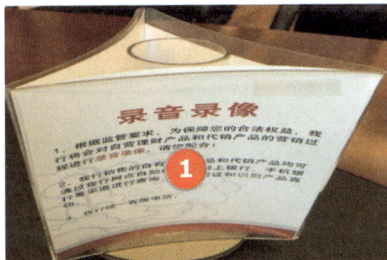

分值：12分。

分值分布（分）：

（1）在产品销售专区内实现自有理财产品与代销产品销售过程全程同步录音录像（3）；

（2）完整客观地记录营销推介、相关风险和关键信息提示、客户确认和反馈等重点销售环节（3）；

（3）录制过程中保护客户隐私，注重客户体验（3）；

（4）妥善留存客户已明确知晓产品重要属性和风险信息的相关证据（3）。

考评方法：现场观察，查看客户意见簿，调看监控录像。

扣分点：无。

以往扣分情况如下：

无。此条在历次考评中未扣过分。

温馨提示

　　监管部门正式出台有商业银行销售理财产品必须进行录音录像的"双录"规定，销售人员要按照程序和规定去介绍理财产品，消费者在购买时也能更清楚地了解产品的性质、自己的权利、责任和所需承担的风险。未来发生纠纷时，也好根据录音录像来处理，这对客户与银行都是公平公正的。因此，"双录"资料应按规定妥善保存。录制过程中要注重语言和服务行为得体，注重客户体验。可设计好人性化的场景，理财经理与客户可共坐一边同时"双录"。如下图所示。

70 加强对产品销售录音录像录制和保存的管控，严格防控录音录像信息泄露风险，确保录音录像的录制和保存不受人为干预或操纵。产品销售录音录像资料保存完整，声像清晰，监管机构规定的保存期内可随时精准检索和调阅；其中，产品销售录像中可明确辨别银行员工和客户面部特征，录音可明确辨识员工和客户语言表述。

标准示范：

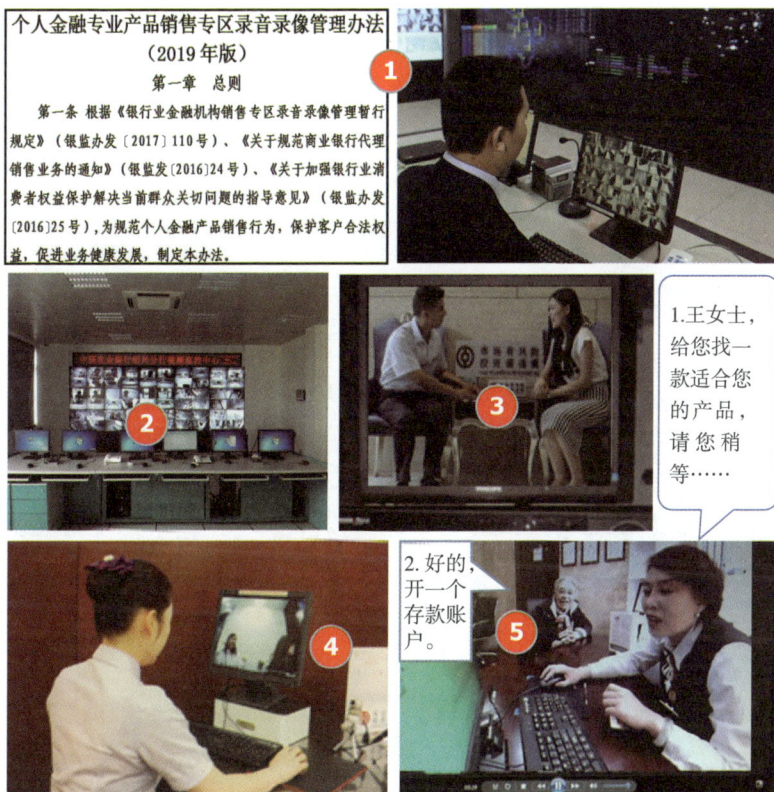

分值：15 分。

分值分布（分）：

（1）加强对产品销售录音录像录制和保存的管控，严格防控录音录像信息泄露风险，确保录音录像的录制和保存不受人为干预或操纵（3）；

（2）产品销售录音录像资料保存完整（3）；

（3）声像清晰（3）；

（4）监管机构规定的保存期内可随时精准检索和调阅（3）；

（5）产品销售录像中可明确辨别银行员工和客户面部特征，录音可明确辨识员工和客户语言表述（3）。

考评方法：现场检查，查阅相关影像资料。

扣分点：（2）（5）。

以往扣分情况如下：

（2）产品销售录音录像资料保存不完整，有丢失现象；

（5）产品销售录像中员工和客户面部特征模糊，录音辨不清员工和客户语言表述。

温馨提示

网点监控设备影像资料应保存完整，声音和图像清晰，保存期内随时可调阅、查看。这些既是服务改进的借鉴资料，同时还满足了监管要求。录音录像资料至少要保留到产品终止日起6个月后或合同关系解除日起6个月后，发生纠纷的要保留到纠纷最终解决后。银行业金融机构代销其他非银行业金融机构的产品时，国务院金融监督管理机构对录音录像资料保存期限另有规定的，从其规定。对存储的录音录像资料应严格管理，不可人为更改、涂抹或删除。对录音录像资料进行备份，并妥善保管备份资料。

3.3　特殊群体服务

主要标准与分值

特殊群体服务（20分）	
71	充分考虑各类特殊群体客户需求和特点，设计相适应的服务流程，增强专业服务技能，提高应急处理能力，尽可能提供便捷的人性化服务。	3
72	为军人优先提供服务。	3

续表

特殊群体服务（20分）		
73	采取相应的措施保证行动不便的客户在网点内通行顺畅，保证其人身安全。	2
74	提供文字交流、电子显示屏叫号或相当功能服务，通过网上银行或其他自助渠道提供账户查询及转账、银行卡临时挂失和信用卡激活等涉及隐私的服务项目，保证听力障碍客户交流畅通、正常办理业务。	3
75	设置至少一种便于视力障碍客户办理业务的服务设施，保障客户顺利办理业务。	3
76	明示导盲犬可入标识，协助视力障碍客户携带经过登记、认证、有可识别标识且处于工作状态的导盲犬出入网点办理业务；网点工作人员妥善做好接待工作，保障网点正常秩序和其他客户安全。	3
77	按照制度规定和流程要求，为不能亲临柜台且有急需的特殊客户群体提供延伸服务。	3

71 充分考虑各类特殊群体客户需求和特点，设计相适应的服务流程，增强专业服务技能，提高应急处理能力，尽可能提供便捷的人性化服务。

标准示范：

"盲文业务指南"，让视力障碍客户享受平等权利

分值：3分。

分值分布（分）：

（1）充分考虑各类特殊群体客户需求和特点，设计相适应的服务流程（1）；

（2）增强专业服务技能，提高应急处理能力（1）；

（3）尽可能提供便捷的人性化服务（1）。

考评方法：现场观察、调阅影像资料和监控录像及客户意见簿，酌情评分。

扣分点：（2）（3）。

以往扣分情况如下：

（2）专业服务技能不强；

（3）提供的人性化服务不全，特殊群体客户不满意。

> **温馨提示**
>
> 　　银行网点要充分尊重各类特殊群体客户（包括残障人士、老人、学生等），认真考虑他们的金融服务需求，有针对性地强化专业服务技能，提供专业化的特殊服务设施，方便他们使用，积极提供便捷的人性化服务，确保特殊群体客户享受与其他客户一样的平等权利。网点也可专门设置"无障碍存取款一体机"，也可把盲道引进自助服务区。如下图所示。

将盲道引进自助服务区

72 为军人优先提供服务。

标准示范：

分值：3分。

分值分布（分）：

（1）为军人优先提供服务（3）。

考评方法：现场观察。

扣分点：无。

以往扣分情况如下：

无。此条在历次考评中未扣过分。

温馨提示

　　军人是国防力量的重要组成部分，也是捍卫祖国和平的中坚力量，国家遇到大的灾害时，军人是救灾的先锋队。金融要支持国防建设、支持军队建设，拥护和爱戴军人，让他们感受到银行金融服务的温暖。军人优先的标识一般摆放于大堂经理台，或与爱心窗口、快速窗口印贴在一起便可。但不可在大门外墙上与"允许导盲犬进入"等标识贴放在一起。如下图所示。

73　采取相应的措施保证行动不便的客户在网点内通行顺畅，保证其人身安全。

标准示范：

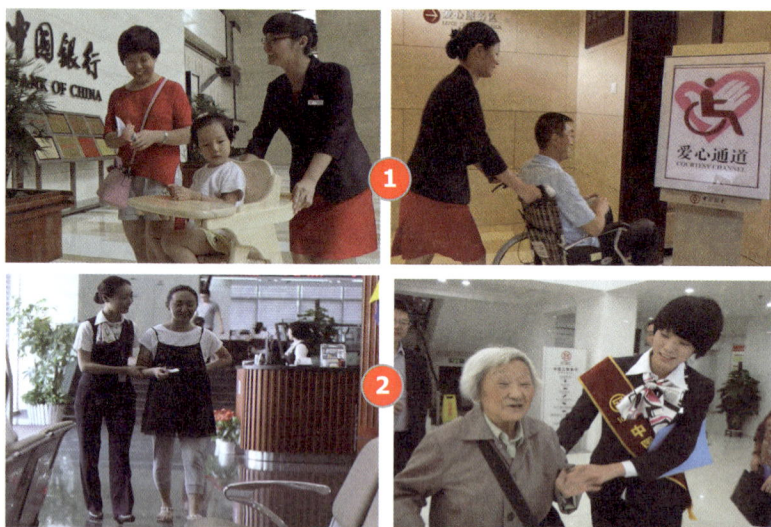

分值： 2分。

分值分布（分）：

（1）采取相应的措施保证行动不便的客户在网点内通行顺畅（1）；

（2）保证其人身安全（1）。

考评方法： 现场观察，调阅录像。

扣分点： 无。

以往扣分情况如下：

无。此条在历次考评中未扣过分。

温馨提示

　　对前来办理业务的特殊客户，银行网点应保持高度关注。对于行动不便的客户，应主动采取措施帮助客户顺利进入网点，防止其在网点范围内发生摔、滑、夹、挤等意外情况。有条件的网点应为其安排绿色通道快速办理业务。对于老、弱、病、残、孕等特殊客户应全程予以关注，当客户遇到困难时，要主动上前帮助。对于儿童客户应视情况提醒家长做好看护，防止儿童客户的危险性行为，避免发生安全事件。

74 　提供文字交流、电子显示屏叫号或相当功能服务，通过网上银行或其他自助渠道提供账户查询及转账、银行卡临时挂失和信用卡激活等涉及隐私的服务项目，保证听力障碍客户交流畅通、正常办理业务。

标准示范：

利用书写板为听力障碍客户提供文字交流服务及电子显示屏叫号服务

请问您办理什么业务？

叫号信息指示屏
请2027号到 6号窗口办理
请2026号到 6号窗口办理
请2025号到 6号窗口办理
请2025号到 6号窗口办理
请2025号到 6号窗口办理

通过网上银行、自助智能银行等为听力障碍客户提供查询及转账服务

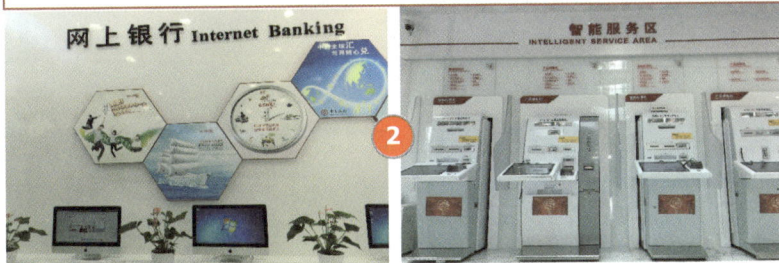

网上银行 Internet Banking

智能服务区
INTELLIGENT SERVICE AREA

分值：3分。

分值分布（分）：

（1）提供文字交流、电子显示屏叫号或相当功能服务（1）；

（2）通过网上银行或其他自助渠道提供账户查询及转账、银行卡临时挂失和信用卡激活等涉及隐私的服务项目（1）；

（3）保证听力障碍客户交流畅通、正常办理业务（1）。

考评方法：现场观察、调阅相关手语服务资料和监控录像等。

扣分点：（3）。

以往扣分情况如下：

（3）与听力障碍客户不能很好地交流沟通，影响客户办理业务。

> **温馨提示**
>
> 　　银行网点应尽量培养和培训几位员工会手语服务，为听力障碍客户提供好服务；在手语服务基础上，对容易引起歧义的重要业务环节向特殊群体客户提供文字交流服务，或唇语服务。在此基础上拓宽网上银行、手机银行、智能自助银行服务功能，为听力障碍客户提供好账户查询、转账、银行卡挂失和信用卡激活等涉及隐私的服务项目。

75　设置至少一种便于视力障碍客户办理业务的服务设施，保障客户顺利办理业务。

标准示范：

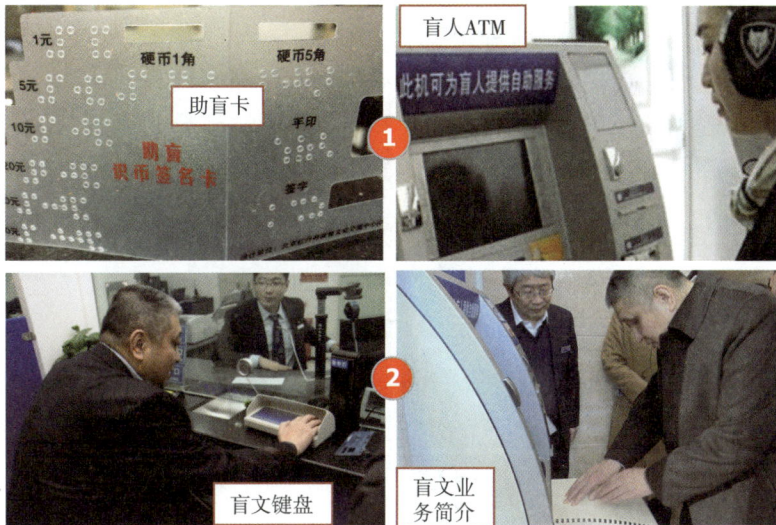

分值：3 分。

分值分布（分）：

（1）设置至少一种便于视力障碍客户办理业务的服务设施（1.5）；

（2）保障客户顺利办理业务（1.5）。

考评方法：现场观察、调阅相关监控录像。

扣分点：无。

以往扣分情况如下：

无。此条在历次考评中未扣过分。

温馨提示

　　银行网点应设置便于视力障碍客户办理业务的服务设施，如盲人网站、助盲卡、盲文密码输入器或语音报数点钞机、外接盲道入网点等。已使用新媒体设备整合密码输入功能的营业网点，至少应配备一台有定位点的传统按键式密码输入器，供视力障碍客户办理业务时使用。若视力障碍客户提出了业务需求需要帮助，网点服务人员应协助其办理业务。网点还可详细制作盲文版银行业务指南、少数民族客户服务手册和提供盲人 ATM 服务。如下图所示。

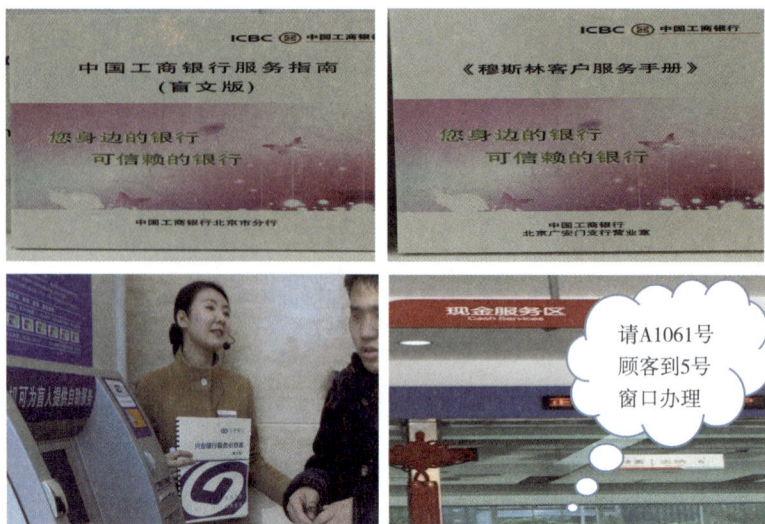

76 明示导盲犬可入标识，协助视力障碍客户携带经过登记、认证、有可识别标识且处于工作状态的导盲犬出入网点办理业务；网点工作人员妥善做好接待工作，保障网点正常秩序和其他客户安全。

标准示范：

分值： 3分。

分值分布（分）：

（1）明示导盲犬可入标识（1）；

（2）协助视力障碍客户携带经过登记、认证、有可识别标识且处于工作状态的导盲犬出入网点办理业务（1）；

（3）网点工作人员妥善做好接待工作，保障网点正常秩序和其他客户安全（1）。

考评方法：现场观察、问询员工、调阅录像资料及行业关于导盲犬出入网点的相关规定。

扣分点：（1）（2）。

以往扣分情况如下：

（1）未明示导盲犬可入标识，或将导盲犬可入标识贴在网点内的一个角落，不易看见；

（2）不让视力障碍客户携带经过登记、认证、有可识别标识且处于工作状态的导盲犬出入网点办理业务。

温馨提示

　　银行网点应按规定明示导盲犬可入标识。协助视力障碍客户携带经过登记、认证、有可识别标识且处于工作状态的导盲犬出入网点办理业务；没有上述证件也不处于工作状态的则只能按宠物接待，牵入宠物笼子。妥善做好接待工作，保障网点正常秩序和其他客户安全。导盲犬很聪明，相当于十岁小孩的智商，能听懂人类的语言。这天我陪陈燕女士及导盲犬珍妮去银行办业务，陈燕发指令，让珍妮去工商银行，珍妮就带着我们去工商银行，再发指令去北京银行，珍妮就带着我们去北京银行。如下图所示。

77 按照制度规定和流程要求，为不能亲临柜台且有急需的特殊客户群体提供延伸服务。

标准示范：

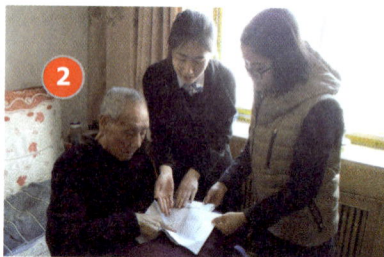

支行为不能亲临柜台且有急需的特殊客户提供延伸服务

分值：3分。

分值分布（分）：

（1）按照制度规定和流程要求（1.5）；

（2）为不能亲临柜台且有急需的特殊客户群体提供延伸服务（1.5）。

考评方法：查看相关制度、流程、记录、影像资料等。

扣分点：（1）（2）。

以往扣分情况如下：

（1）没有这方面相关制度规定和流程要求；

（2）不能为不能亲临柜台且有急需的特殊客户群体提供延伸服务。

温馨提示

　　银行网点应建立为特殊人士提供延伸服务的制度与机制；人手足、有条件的网点应按照制度规定和流程要求，尽量为不能亲临柜台且有急需的特殊客户群体提供延伸服务，履行好社会责任。提供这项服务时应坚持双人出入，这对客户和员工都好。并做好服务记录。实在人手不够，也要约好客户想别的办法给予办理，千万不能让客户家属或120急救车等把病人、行动障碍等客户抬（运送）到银行网点来才给办理业务。

本模块由员工形象，行为规范，人员配置，岗位技能，员工培训，安保、保洁人员管理六部分组成，共 26 条。主要解决人力资源配备、服务行为规范、员工精神面貌、职业技能提升等问题，目的是增强服务本领。本模块共 165 分，各部分分值详见下表。

员工管理（165 分）	
4.1 员工形象	25 分
4.2 行为规范	40 分
4.3 人员配置	25 分
4.4 岗位技能	30 分
4.5 员工培训	25 分
4.6 安保、保洁人员管理	20 分

4.1　员工形象

主要标准与分值

员工形象（25 分）		
78	员工着装规范、统一、整洁，妆容、发式、饰物、鞋袜等不夸张，符合本行上岗规范；统一佩戴工作胸牌或摆放中英文服务公示牌（或电子显示屏），并明示本行标识（如佩戴行徽），以及员工工号或姓名。	10
79	员工精神饱满，专业得体，举止文雅大方，体现良好的修养和职业形象。	5
80	员工站姿挺拔、坐姿端庄、行姿稳健，手势自然，动作规范。	5
81	员工语言规范，语速平稳，使用文明服务用语，首问使用普通话。	5

78 员工着装规范、统一、整洁，妆容、发式、饰物、鞋袜等不夸张，符合本行上岗规范；统一佩戴工作胸牌或摆放中英文服务公示牌（或电子显示屏），并明示本行标识（如佩戴行徽），以及员工工号或姓名。

标准示范：

① 员工着装规范、统一、整洁，非常标准

员工妆容、发式、饰物、鞋袜等不夸张，符合行标

分值：10 分。

分值分布（分）：

（1）员工着装规范、统一、整洁（1）；

（2）妆容、发式、饰物、鞋袜等不夸张（1）；

（3）符合本行上岗规范（2）；

（4）统一佩戴工作胸牌或摆放中英文服务公示牌（或电子显示屏）（2）；

（5）明示本行标识（如佩戴行徽）（2）；

（6）员工工号或姓名（2）。

考评方法：现场观察，调阅监控录像。

扣分点：（1）（2）。

以往扣分情况如下：

（1）着装不规范，长袖短袖皆有，不统一，新装旧服同时有员工穿，不整洁；

（2）发饰不统一，佩戴饰物夸张，如超大耳环，一只手上戴了多个戒指，甚至有的员工头发凌乱、女员工刘海过眉等。

另外，员工个人卫生不能不讲究，忙忙碌碌几天不换洗衣物，身上满是汗味，影响单位和个人形象，客户体验不好。在一次金融机构产品发布营销会上，一位男性销售人员来到我所在桌子边坐下开始营销，但一股汗味扑面而来，我忍着没有说出来，而我旁边的一位女士实在无法忍受，便委婉地提出希望更换一位销售员，该机构便更换了销售员。

温馨提示

　　一个网点就是一家银行的窗口，网点员工形象就代表着一家银行的形象。如上述标准示范一样，员工形象大方，着装规范、统一、整洁，妆容、发式、饰物、鞋袜等得体不夸张，反映出的是一家银行员工训练有素的软实力与网点良好的社会形象。

　　本条标准拟引导员工做好着装、鞋袜、妆容、发式、饰物等方面的服务礼仪。员工着装应合体、齐整、整洁、挺括、规范。例如，西服穿着，西服应贴身合体，单排一粒扣的，可扣可不扣；有两粒扣时，一般只扣上面一粒；有三粒扣时，一般只扣中间一粒或扣上面两粒；袖子的长度至手腕关节，要使衬衫袖子多出2厘米，并且衬衣领也要高于西服领1厘米；西服马甲扣上扣子后以贴身紧凑为合适。衬衫选配，一般首选国际化的白色、淡蓝、中蓝等单色衬衫，较轻松一些的选取白底条纹、格子衬衫。领饰选配，男员工打领带，领带的长度齐于皮带头；女员工统一佩戴丝巾等。鞋袜选配，男士黑色皮鞋，袜子与裤子同色系；女士鞋子一般是高跟、半高跟的船式皮鞋或盖式皮鞋，穿着要舒适、美观大方，鞋的颜色应与衣服下摆一致或再深一些；袜子应配长筒丝袜或连裤袜，颜色以与肤色相同或相近为佳。套裙选配，套裙穿着贴身合体规整，上衣最短可以齐腰，袖长要盖住手腕，裙子最长可及小腿中部。妆容，员工应保持面部整洁，男员工不留胡须，女员工应施淡妆。员工进行适当的面部化妆修饰不仅是为了美化自己，也是为了尊重客户，遵循庄重正式、清淡高雅、扬长避短等原则化妆即可。发式，恰当的发型可以很好地体现一个人的修养和素质。员工应根据工作性质及岗位特殊要求、个人审美习惯和自身特点，定期对自己的头发进行清洁、修剪、保养和美化。饰物，工作期间，佩戴饰品的数量一般不要超过3件。女员工手指上最多佩戴戒指一枚，手镯或项链或耳环（耳钉）等不宜夸张；男员工身上一般只佩戴手表和一枚戒指。关于着装和妆容等方面各行有具体规定，网点应按照本行具体规定执行。

79 员工精神饱满，专业得体，举止文雅大方，体现良好的修养和职业形象。

标准示范：

分值：5 分。

分值分布（分）：

（1）员工精神饱满（1）；

（2）专业得体（1）；

（3）举止文雅大方（1）；

（4）体现良好的修养和职业形象（2）。

考评方法：现场观察，调阅监控录像。

扣分点：（1）（3）。

以往扣分情况如下：

（1）员工没精神；

（3）动作不规范太随意，挖鼻孔、挠头、抓耳挠腮、手托腮等。

温馨提示

上述4点能否做到，反映了一个职业人行为修养的高与低。员工精神饱满，朝气蓬勃，网点就会充满生机；员工服务行为专业得体，则体现了员工较高的职业素养；员工举止文雅大方，则体现了员工良好的自我修养和职业形象。这些需要员工在长期的服务实践中不断磨炼才能逐渐提高升华。

80 员工站姿挺拔、坐姿端庄、行姿稳健，手势自然，动作规范。

标准示范：

1 站姿挺拔

2 坐姿端庄

3 行姿稳健 手势自然

4

5 蹲姿优雅 动作规范

分值：5分。

分值分布（分）：

（1）员工站姿挺拔（1）；

（2）坐姿端庄（1）；

（3）行姿稳健（1）；

（4）手势自然（1）；

（5）动作规范（1）。

考评方法：现场观察，调阅监控录像。

扣分点：（1）（2）。

以往扣分情况如下：

（1）站姿随意，不规范，如抱臂站立等；

（2）坐姿变形，身体扭曲。发现1人1次不规范扣1分，扣完5分为止。

温馨提示

　　银行网点员工站姿挺拔、坐姿端庄、行姿稳健，手势自然，动作规范，能体现出员工良好的气质与职业素养。这是对客户的尊重，给客户留下一个好印象，也是获得客户认同的一个途径。同时也能自我提高，自添气质，自增自信。

　　本条标准拟引导员工在站姿、坐姿、行姿、手势、蹲姿等方面做好服务礼仪，体现职业风范。每个姿势的礼仪又有具体要求。

　　站姿礼仪：双眼平视，下颌微收，挺胸收腹，笔直挺拔、和蔼庄重。

　　坐姿礼仪：入座时要稳、要轻。一般只坐满椅子的三分之二，不要靠椅背。面带笑容，双目平视，嘴唇微闭，坐相端正，自然挺直，双手放在膝盖或工作台上。坐有扶手的椅子时，男士也可将双手分别搭在扶手上，而女士则最好只搭一边，以示高雅。双膝自然并拢，双脚平放或交叠。

行姿礼仪：步履自然、轻盈、敏捷、稳健，女士还要步履匀称、端庄、文雅。行走时，头要抬起，挺胸收腹，腰背笔直；目光平视前方，双臂自然下垂，手掌心向内，并以身体为中心前后自然摆动，前摆约35度，后摆约15度。

手势礼仪：横摆式、直臂式、斜臂式（斜摆式）、曲臂式、双臂横摆式。

蹲姿礼仪：高低式蹲姿、交叉式蹲姿、半蹲式蹲姿、半跪式蹲姿等。

在人际交往中有一组魔鬼数字，即仪表仪态或肢体语言给人留下的印象占55%，语音语调占38%，说话内容占7%。可见职业素养的重要性。

81　员工语言规范，语速平稳，使用文明服务用语，首问使用普通话。

标准示范：

（首问使用普通话）先生，您好！请问您需要办理什么业务？

Hello, Mr Tom. Your remittance has arrived.（汤姆先生您好，您的汇款已到账。）

分值：5 分。

分值分布（分）：

（1）首问使用普通话（1）；

（2）员工语言规范（1）；

（3）语速平稳（1）；

（4）使用文明服务用语（2）。

考评方法：现场观察，调阅监控录像。

扣分点：（1）（4）。

以往扣分情况如下：

（1）首问使用了方言等。发现 1 人 1 次不规范扣 1 分，扣满 5 分为止；

（4）未使用文明服务用语，如称客户为"你"，而不用"您"。

> **温馨提示**
>
> 　　语言是思想的外壳，要牢固树立"以客户为中心"的服务理念。首问使用普通话，尊重客户。做到"三声服务"——来有迎声、问有答声、走有送声。服务用语和礼貌称谓要自然、亲切。称谓又有单人称谓和多人称谓之分，对方是单人时要称谓"您"，对方是多人时则称谓你们。语音尽量标准、语调适中、语速平稳、语气亲切，切忌叫错客户姓名、使用过时的称谓或称呼对方的绰号。

4.2　行为规范

主要标准与分值

行为规范（40 分）		
82	员工热情服务客户，主动礼貌问候，微笑示意，亲切自然，友善真诚。保障客户的受尊重权，不得因性别、年龄、种族、民族或国籍等不同进行歧视性差别对待。	8
83	员工保持对客户的自然关注，有亲和力和良好的沟通能力。	5
84	客户离开时，员工应通过点头示意、握手或语言等方式礼貌送别客户。	5
85	员工服务客户时若遇其他客户咨询业务或打招呼，适时给予回应或示意，待与其直接交流时向客户的耐心等待致谢。	8
86	认真值守岗位，工作期间在客户视线范围内无聊天、大声喧哗、接打私人电话、处理私人事务等现象，不做与业务无关的事。	8
87	业务办理过程中，在客户视线或监控录像范围内使用客户身份证件；使用身份证件的复印件的，提醒客户标注使用范围。	6

82　员工热情服务客户，主动礼貌问候，微笑示意，亲切自然，友善真诚。保障客户的受尊重权，不得因性别、年龄、种族、民族或国籍等不同进行歧视性差别对待。

标准示范：

微笑示意

分值：8分。

分值分布（分）：

（1）员工热情服务客户（2）；

（2）主动礼貌问候（1）；

（3）微笑示意（1）；

（4）亲切自然（1）；

（5）友善真诚（1）；

（6）保障客户的受尊重权（1）；

（7）不得因性别、年龄、种族、民族或国籍等不同进行歧视性差别对待（1）。

考评方法：现场观察，查看客户意见簿，调阅监控录像。

扣分点：（1）（2）。

以往扣分情况如下：

（1）客户走近柜台时柜员拉着脸，不爱搭理客户，服务不热情；

（2）柜员未使用尊称或未礼貌问候。

温馨提示

　　客户走近柜台时柜员微笑示意，或行举手礼，或站立迎接皆可。热情接待和主动问候客户，给客户良好的感受。员工对待客户亲切自然、友善真诚、大方得体、用语礼貌，这是得到客户认可的良好开端。这里需要特别强调微笑服务，微笑是不用翻译的世界语言，它能传递亲切、友好、愉快的信息。微笑转瞬即逝，却往往能留下永久的记忆。微笑服务能给客户留下良好的印象，给客户以愉悦感，有助于赢得客户认可。

83 员工保持对客户的自然关注，有亲和力和良好的沟通能力。

标准示范：

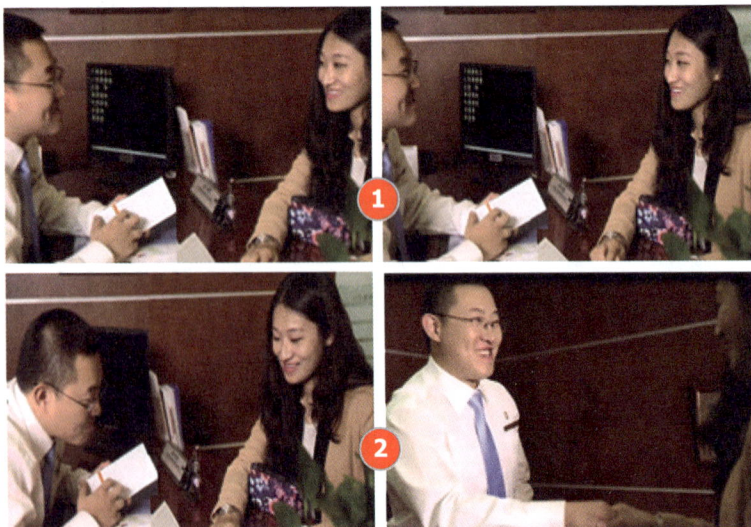

分值： 5 分。

分值分布（分）：

（1）员工保持对客户的自然关注（2）；

（2）有亲和力和良好的沟通能力（3）。

考评方法：现场观察，调阅监控录像。

扣分点：（1）（2）。

以往扣分情况如下：

（1）员工没有实行微笑服务，态度漠然、面无表情、未关注客户；

（2）沟通能力不强，引起客户抱怨。发现1人1次扣1分，扣满5分为止。

温馨提示

在为客户办理业务的过程中，或在与客户进行业务沟通交流时，应对客户保持自然关注，通过客户的表情感悟客户对办理业务或购买产品的意向，从而在脑海里快速组织素材和话术有针对性地与客户进行进一步的交流。在这个过程中，员工始终应保持良好的亲和力和沟通能力。沟通中称呼要规范，区分单个客户称呼法和群体客户称呼法；语音要规范，做到语音标准、语调适中、语速自然、语气亲切。避免急躁、生硬和怠慢的语气，更不能操之过急、强买强卖。要对客户流露出和蔼可亲的感情色彩，力求做到诚恳、亲切、自然，让客人听在耳中，暖在心里，聊到客户开心、客户明白、客户感兴趣，产品自然就可以售出了。

84 客户离开时，员工应通过点头示意、握手或语言等方式礼貌送别客户。

标准示范：

点头示意

握手送别

女士，请慢走，再见。

女士，请慢走，再见。

分值：5分。

分值分布（分）：

（1）客户离开时，员工应通过点头示意、握手或语言等方式礼貌送别客户（5）。

考评方法：查看客户意见簿，调阅监控录像。

扣分点：无。

以往扣分情况如下：

无。此条在历次考评中未扣过分。

温馨提示

　　客户离开时大堂服务人员要放下手中的活儿，通过点头示意、握手或语言等方式与客户礼貌道别，并表示欢迎他（她）再次光临。此外，如遇特殊群体客户表示需要帮助时还应提供所需帮助。

85 员工服务客户时若遇其他客户咨询业务或打招呼，适时给予回应或示意，待与其直接交流时向客户的耐心等待致谢。

标准示范：

1.徐经理请坐，我帮这位客户解答完业务就来……

2.抱歉，感谢徐经理的耐心等待。这是您预约的产品，请您过目……

分值：8分。

分值分布（分）：

（1）员工服务客户时若遇其他客户咨询业务或打招呼，适时给予回应或示意（4）；

（2）待与其直接交流时向客户的耐心等待致谢（4）。

考评方法：现场观察，调阅监控录像。

扣分点：无。

以往扣分情况如下：

无。此条在历次考评中未扣过分。

> **温馨提示**
>
> 　　员工服务客户时若遇其他客户咨询业务或打招呼，应适时给予回应或示意，表示请其稍等，待将眼前这位客户的业务办好后就给他（她）办理。当轮到那位客户并直接与其交流时，再向该位客户的耐心等待致谢。这样就把前后的客户都维护好了。

86　认真值守岗位，工作期间在客户视线范围内无聊天、大声喧哗、接打私人电话、处理私人事务等现象，不做与业务无关的事。

标准示范：

分值：8分。

分值分布（分）：

（1）认真值守岗位（2）；

（2）工作期间在客户视线范围内无聊天、大声喧哗、接打私人电话、处理私人事务等现象（3）；

（3）不做与业务无关的事（3）。

考评方法：现场观察，调阅监控录像。

扣分点：（2）。

以往扣分情况如下：

（2）工作期间在客户视线范围内聊天，或接打私人电话，或处理私人事务等。发现1人1次扣3分，直至扣完8分为止。

> **温馨提示**
>
> 　　员工工作期间应值守岗位，为每一位客户服务好，不聊天、不大声喧哗、不接打私人电话，不做与业务无关的事情。有间隙时间时可以进行内部整理，或学习、钻研业务，观察了解客户，分析、

思考改进工作，增长才干。但若有客户来电咨询或办理业务，应尽量避开现场客户的视线，倘若正在给现场客户办理业务，则请电话客户耐心等待，稍后待办完手中的业务便回电，并同时向现场客户致谢。

87 业务办理过程中，在客户视线或监控录像范围内使用客户身份证件；使用身份证件的复印件的，提醒客户标注使用范围。

标准示范：

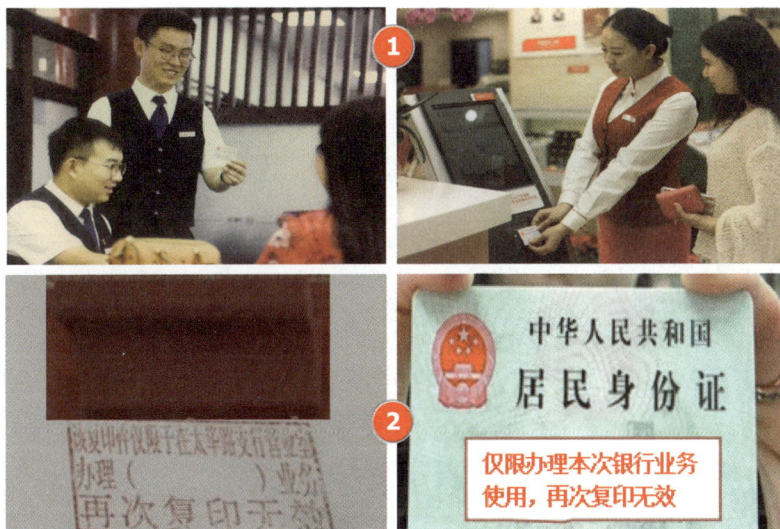

分值：6 分。

分值分布（分）：

（1）业务办理过程中，在客户视线或监控录像范围内使用客户身份证件（3）；

（2）使用身份证件的复印件的，提醒客户标注使用范围（3）。

考评方法：现场观察，调阅监控录像等。

扣分点：无。

以往扣分情况如下：

无。此条在历次考评中未扣过分。

> **温馨提示**
>
> 　　银行网点在业务办理过程中使用客户身份证件时一定要在客户视线或监控录像范围内，让客户放心，若真有问题也可通过监控录像辨明是非。同时网点员工最好提醒客户，在使用身份证复印件时要标注使用范围、次数和时效等，帮助客户有效防范身份证使用风险。

4.3　人员配置

主要标准与分值

	人员配置（25分）	
88	按功能区域与岗位分工合理配备人员，人员业务技能满足岗位需求。	6
89	配备至少两名大堂经理等服务引导人员，并能保证营业时间始终在岗；定编超过25人的网点有相当于网点副职级别的大堂服务人员承担现场服务管理职责。	6
90	配备具有理财和代销业务相应资格的销售人员，满足客户的理财类业务基本需要；除本行销售人员外，禁止其他任何人员在营业场所开展任何形式的营销活动。	8
91	配备具有手语、英语口语、当地方言、当地少数民族语言交流能力的服务人员，满足业务交流需要。	5

88 　按功能区域与岗位分工合理配备人员，人员业务技能满足岗位需求。

标准示范：

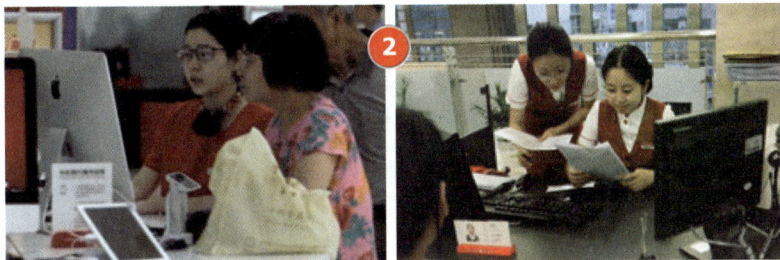

分值：6分。

分值分布（分）：

（1）按功能区域与岗位分工合理配备人员（2）；

（2）人员业务技能满足岗位需求（4）。

考评方法：现场观察。

扣分点：无。

以往扣分情况如下：

无。此条在历次考评中未扣过分。

> **温馨提示**
>
> 　　银行网点应按功能区域与岗位分工，以及业务发展情况合理配备人员，大厅服务人员与客户数量匹配，对公业务、理财业务、高柜现金业务与大堂服务人员等应配备充足，确保员工加班不频繁。员工业务技能应满足岗位需求，能很好地辅导客户使用网上银行、手机银行、智能（智慧）自助设备等；能为理财、对公客户量身定制产品与服务，满足客户的金融服务需求。还能帮助客户切实解决疑难问题。

89　配备至少两名大堂经理等服务引导人员，并能保证营业时间始终在岗；定编超过25人的网点有相当于网点副职级别的大堂服务人员承担现场服务管理职责。

标准示范：

配备了网点副职级以上大堂服务人员负责大堂服务管理

分值：6分。

分值分布（分）：

（1）配备至少两名大堂经理等服务引导人员（2）；

（2）能保证营业时间始终在岗（2）；

（3）定编超过25人的网点有相当于网点副职级别的大堂服务人员承担现场服务管理职责（2）。

考评方法：现场观察，查阅相关制度规定。

扣分点：（1）（3）。

以往扣分情况如下：

（1）网点没有配备两名大堂经理，只配了一名大堂经理，或配备了两名大堂经理，但不能保证营业时间始终在岗；

（3）定编超过25人的网点没有配备相当于网点副职级别的大堂经理从事大堂服务管理。

温馨提示

　　中大型网点一般应配备三名以上大堂经理，才能保证营业时间始终有两名大堂经理在岗。定编超过25人的网点应配备相当于网点副职级别的大堂经理，并赋予其职权，有效从事大堂服务管理，使大堂服务步调一致，井井有条。

90 配备具有理财和代销业务相应资格的销售人员，满足客户的理财类业务基本需要；除本行销售人员外，禁止其他任何人员在营业场所开展任何形式的营销活动。

标准示范：

配备具有AFP、CFP、中银协理财证书等资质的理财人员；无其他任何人员在营业场所开展营销活动

分值： 8分。

分值分布（分）：

（1）配备具有理财和代销业务相应资格的销售人员（2）；

（2）满足客户的理财类业务基本需要（2）；

（3）除本行销售人员外，禁止其他任何人员在营业场所开展任何形式的营销活动（4）。

考评方法： 现场观察。

扣分点：（1）。

以往扣分情况如下：

（1）配备的理财人员没有相应资质。

温馨提示

《银行业金融机构销售专区录音录像管理暂行规定》第六条规定："银行业金融机构销售人员应遵循相关监管要求并具有理财及代销业务相应资格，销售人员相关信息及其销售资格应在专区内进行公示，法律法规另有规定的除外。除本机构工作人员外，禁止其他任何人员在营业场所开展营销活动。"本条属银保监会的刚性规定，网点任何时候都必须执行好。

---

91 配备具有手语、英语口语、当地方言、当地少数民族语言交流能力的服务人员，满足业务交流需要。

标准示范：

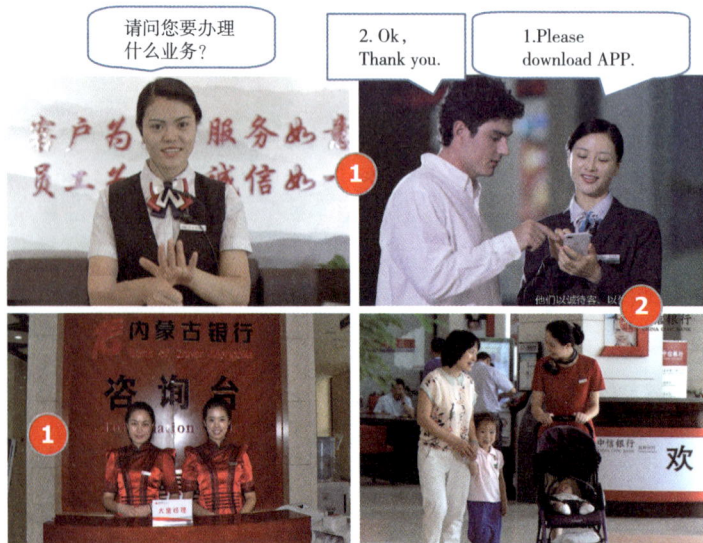

分值：5分。

分值分布（分）：

（1）配备具有手语、英语口语、当地方言、当地少数民族语言交流能力的服务人员（3）；

（2）满足业务交流需要（2）。

考评方法：现场观察，调阅监控录像等。

扣分点：（1）。

以往扣分情况如下：

（1）未配备具有英语交流能力的服务人员，或虽已配备，但英语专业能力不强，仅懂一点简单问候语。

> **温馨提示**
>
> 　随着金融国际化的推进，涉外金融服务需求越来越大，为了满足涉外服务的基本需要，银行网点应配备两名以上英语服务人员。大型网点最好能配备会多语种或多名不同语种的外语服务人员，并在大厅醒目位置公示，以满足外宾办理业务需要。为了满足特殊群体客户的基本需求，网点最好配备两名以上手语服务人员，以备轮休倒班需要。如下图所示。

4.4　岗位技能

主要标准与分值

岗位技能（30 分）		
92	网点员工上岗，应持有行业或系统内认证的与岗位相关的资格证书。	5
93	员工熟知业务种类、产品特性、办理流程等，能准确熟练向客户介绍产品或推介至相关工作人员；能以浅显易懂的语言，耐心专业解答客户的咨询和疑问。	10
94	员工能够识别客户办理业务受欺诈风险隐患；在办理业务时如遇疑似诈骗情况，及时进行必要的防诈骗风险提示，视情况联动网点其他工作人员，进行妥善有效处理。	10
95	员工熟悉特殊群体客户服务的相关制度及工作流程，主动为其提供便利，积极协助其办理业务。	5

92　网点员工上岗，应持有行业或系统内认证的与岗位相关的资格证书。

标准示范：

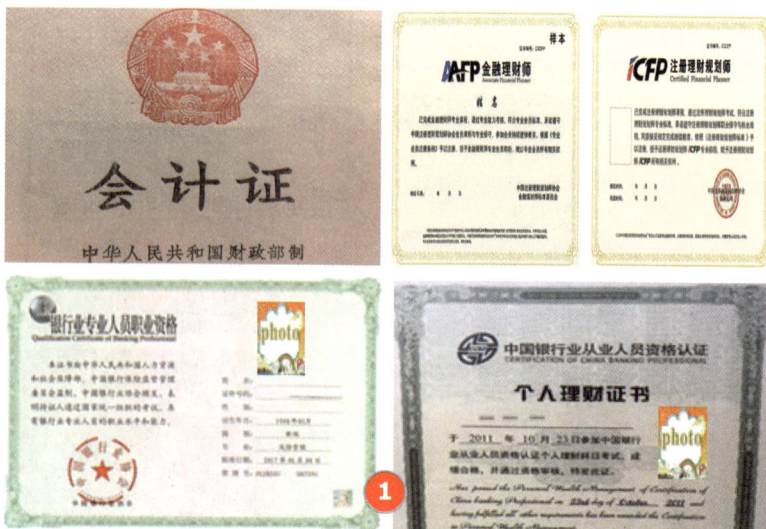

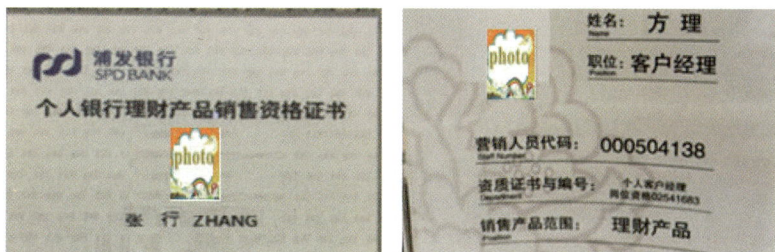

分值：5 分。

分值分布（分）：

（1）网点员工上岗，应持有行业或系统内认证的与岗位相关的资格证书（5）。

考评方法：现场观察。

扣分点：无。

以往扣分情况如下：

无。此条在历次考评中未扣过分。

> **温馨提示**
>
> 　　银行人员从业资格分国家层面、行业层面、单位层面等几种。国家层面的有注册会计师（CPA）、国际注册会计师（ACCA）、会计上岗证、精算师、注册金融分析师（CFA）、金融理财师（AFP）、注册理财规划师（CFP）、风险管理师（FRM）；行业层面的主要是由中国银行业协会组织考试并颁发的银行业专业人员职业资格，包括个人理财、个人贷款、公司信贷、风险管理、银行管理和银行业法律法规与综合能力等；单位层面组织考试认证的有个人理财产品销售资格证书、信贷审批从业资格、基金销售人员从业资格、保险销售从业人员资格、客户经理等。网点员工应持证上岗，即在取得了行业或系统内认证的相关资格证书后方可上岗从业，这既是对客户负责，又是对自己负责。

93 员工熟知业务种类、产品特性、办理流程等，能准确熟练向客户介绍产品或推介至相关工作人员；能以浅显易懂的语言，耐心专业解答客户的咨询和疑问。

标准示范：

分值： 10 分。

分值分布（分）：

（1）员工熟知业务种类、产品特性、办理流程等（4）；

（2）能准确熟练向客户介绍产品或推介至相关工作人员（3）；

（3）能以浅显易懂的语言（1）；

（4）耐心专业解答客户的咨询和疑问（2）。

考评方法：现场抽查大堂服务人员，调阅监控录像。

扣分点：（1）。

以往扣分情况如下：

（1）新上岗的大堂服务人员不熟知业务种类、产品特性、办理流程。

> **温馨提示**
>
> 　　大堂服务人员应熟知业务种类、产品特性、存贷款利率、外汇汇率、贵金属行情、办理流程等，准确熟练向客户介绍。并要通过交谈了解客户的兴趣点在哪里，有针对性地积极开展服务营销。如下图所示。

　　在产品营销中应掌握多种营销方法。目前常用的方法有体验式营销、交叉营销法、目标客户营销法等。在进行体验式营销时，应通过为客户创造和提供愉悦的购买体验，实现销售目的。大堂服务人员应通过运用各种媒介，包括沟通、识别、产品、品牌、环境等，刺激客户的感官和情感，引发客户的思考、联想，并使其行动和体验，通过客户的体验，不断地传播品牌或产品的利益和好处。体验式营销注重与客户的沟通，注重发掘客户内心的欲望，注重创造愉悦的销售情景和销售过程。不仅如此，体验式营销还注重客户购买过程中所表达的内在价值观和消费理念。大堂服务人员应为客户提供满意、愉悦的购买体验。但当客户表现出不耐烦的情绪时，千万别喋喋不休地推介。

94 员工能够识别客户办理业务受欺诈风险隐患；在办理业务时

如遇疑似诈骗情况，及时进行必要的防诈骗风险提示，视情况联动网点其他工作人员，进行妥善有效处理。

标准示范：

1. 姑娘，我中奖了，对方让我先汇1万元交税，之后才能领取奖金。快、快帮我汇钱……

2. 阿姨，您别急，这可能是诈骗，我先领您去公众区休息一会儿……

3. 姑娘，你知道我中了多大奖吗？5万元呀，这可不是小数目啊……

4. 阿姨，您可得提高警惕，现在骗子不少，我请身后的同事小张帮您了解一下对方情况……

6. 哦，原来是骗局，真是太感谢你们了，给你们添麻烦了，实在不好意思……

5. 阿姨，我刚才请我身后的同事小张帮您了解清楚了，对方是骗子，想骗您1万元……

分值： 10 分。

分值分布（分）：

（1）员工能够识别客户办理业务受欺诈风险隐患（3）；

（2）在办理业务时如遇疑似诈骗情况，及时进行必要的防诈骗风险提示（3）；

（3）视情况联动网点其他工作人员（2）；

（4）进行妥善有效处理（2）。

考评方法： 现场观察，调阅监控录像。

扣分点： 无。

以往扣分情况如下：

无。此条在历次考评中未扣过分。

> 温馨提示
>
> 　　办理业务时如遇疑似诈骗情况，柜员不要慌，应及时提醒客户，或建议客户与家人电话联系了解实情等。若一人处理不了，还可联动网点其他工作人员帮忙处理，或拨打"110"，请警察前来帮助解决。

95 员工熟悉特殊群体客户服务的相关制度及工作流程，主动为其提供便利，积极协助其办理业务。

标准示范：

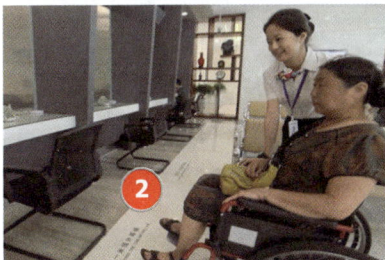

分值： 5 分。

分值分布（分）：

（1）员工熟悉特殊群体客户服务的相关制度及工作流程（2）；

（2）主动为其提供便利（2）；

（3）积极协助其办理业务（1）。

考评方法：现场观察，调阅监控录像。

扣分点：（2）。

以往扣分情况如下：

（2）未能为特殊群体客户提供相应服务，无相应服务设施、用品等。

温馨提示

　　一般而言，有特殊群体客户来办业务，大堂服务人员应时刻关注他（她），但先别急于主动上前，若他（她）能自理而并未表示需要帮助，最好别打扰他（她），让他（她）享有与其他健康人士一样的服务体验。若他（她）表示希望帮助，再积极帮助。

4.5　员工培训

主要标准与分值

	员工培训（25分）	
96	定期开展文明规范服务、业务技能、消费者权益保护、监管政策等培训，记录完整。	7
97	及时传达、学习、执行行规行约和系统内服务规范，记录完整。	6
98	加强员工行为管理，开展员工职业操守培训，要求员工坚决抵制各类违法违规行为，防范各类外部风险，记录完整。	6
99	强化员工消费者权益保护意识和相关知识运用能力，主动为消费者提供咨询指导、业务办理、技术支持等服务。	6

96　定期开展文明规范服务、业务技能、消费者权益保护、监管政策等培训，记录完整。

标准示范：

中国银保监会关于银行保险机构加强消费者权益保护工作体制机制建设的指导意见

（银保监发〔2019〕38号）

加强银行业和保险业消费者权益保护工作，是贯彻以人民为中心的发展思想的具体体现，是维护金融秩序、防范和化解金融

支行业务知识与技能培训登记簿

人事教育部

2020 年 1 月　日

分值： 7分。

分值分布（分）：

（1）定期开展文明规范服务培训（1）；

（2）业务技能培训（1）；

（3）消费者权益保护培训（1）；

（4）监管政策等培训（1）；

（5）记录完整（3）。

考评方法： 调阅相关培训计划、总结等。

扣分点： (1)(3)。

以往扣分情况如下：

（1）一年内未组织开展文明规范服务培训；

（3）一年内未开展消费者权益保护培训。

> **温馨提示**
>
> 　　银行网点每年都应有计划地组织员工开展多次文明规范服务培训和业务技能培训，内容包括业务知识、业务技能、新技术、新业务、礼仪、客户识别等，各种培训记录专夹妥善保存。
>
> 　　银行网点除了有计划地组织员工内部培训外，还应积极参加中国银行业协会和地方银行业协会以及第三方机构组织的业务培训，这样，眼界和视野能够更加开阔。如下图所示。

97　　及时传达、学习、执行行规行约和系统内服务规范，记录完整。

标准示范：

分值：6分。

分值分布（分）：

（1）及时传达、学习、执行行规行约和系统内服务规范（3）；

（2）记录完整（3）。

考评方法：查看相关制度、学习、培训、会议等记录。

扣分点：无。

以往扣分情况如下：

无。此条在历次考评中未扣过分。

> **温馨提示**
>
> 　　银行网点应及时传达、学习、执行行业规章制度和所在银行系统的服务规范，每次传达、学习、执行情况都应做好记录或留下影像视频，使传达、学习、执行动作有痕化。这里单独提出晨会的开法，每次晨会都应开得活跃一些，在晨会前或晨会后也可播放配乐礼仪操，锻炼身体，振奋精神。

98 　加强员工行为管理，开展员工职业操守培训，要求员工坚决抵制各类违法违规行为，防范各类外部风险，记录完整。

标准示范：

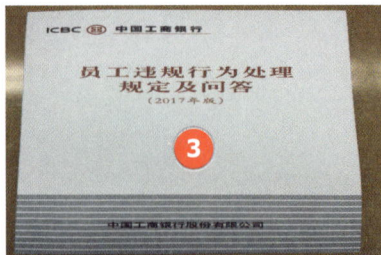

2020年第一季度西城支行员工异常行为排查报告

北京分行监察室（纪委）：

　　第一季度，支行根据分行开展员工异常行为排查要求，对30名员工（其中行级领导3人，部门级6人）进行了异常行为排查，未发现员工异常行为。排查具体情况见附件。

分值：6分。

分值分布（分）：

（1）加强员工行为管理（1）；

（2）开展员工职业操守培训（1）；

（3）要求员工坚决抵制各类违法违规行为（1）；

（4）防范各类外部风险（1）；

（5）记录完整（2）。

考评方法：调阅相关制度规定和工作记录等。

扣分点：（2）。

以往扣分情况如下：

（2）一年未开展一次员工职业操守培训，致使网点存在员工违规风险。

温馨提示

　　员工行为标准、职业操守制度的贯彻，一方面要开展刚性的组织学习，如通过晨会、夕会等学习贯彻员工行为守则、行为标准和行为规范等职业操守；同时开展法治教育、金融犯罪案例警示教育活动，坚守法制思维与底线思维，定期进行员工异常行为排查。另一方面应寓教于乐，通过开展各种积极健康向上的活动，丰富员工生活，陶冶员工情操，纯洁员工思想，有意传递正能量，增强员工对风险的识别能力，避免各类外部风险。建立台账，将各种活动记录入册，影像资料保存完好。

99 强化员工消费者权益保护意识和相关知识运用能力，主动为消费者提供咨询指导、业务办理、技术支持等服务。

标准示范：

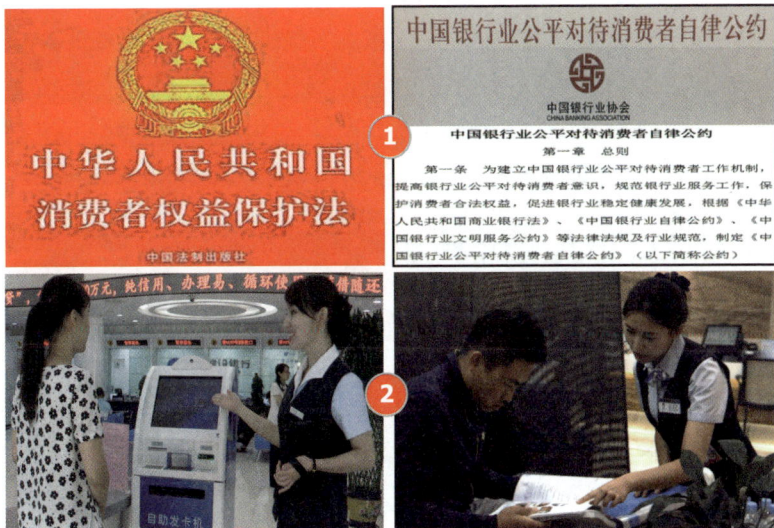

分值： 6分。

分值分布（分）：

（1）强化员工消费者权益保护意识和相关知识运用能力（3）；

（2）主动为消费者提供咨询指导、业务办理、技术支持等服务（3）。

考评方法： 查阅消保相关制度、规定、活动影像资料、客户意见簿、客户满意度调查资料等，酌情评分。

扣分点：（1）。

以往扣分情况如下：

（1）员工公平对待消费者意识淡薄，员工相关知识掌握运用能力不强。

温馨提示

消费者保护工作应从源头做起。例如，在产品设计、研发时就应为消费者把产品的安全性能、风险化解、私密保护，使用便捷，合理定价等因素考虑进去。售前主动为消费者提供咨询指导、业务办理、技术支持等。售后保证消费者得到相应的服务，并跟进了解消费者感受情况，及时改进服务。根据不同客户群体的金融需求，妥善做好差异化服务，满足各类客户群体的不同需求，公平对待消费者。银监会于2014年出台了《银行业金融机构消费者权益保护工作考核评价办法（试行）》（银监发〔2014〕37号），对银行进行考评打分。考核共分四个等级：90分以上为一级，75～90分为二级，60～75分为三级，60分以下为四级。一级领先，二级关注，三级则发风险提示与通报，四级采取监管措施。此外，每年还出一本《中国银行业消费者权益保护年度报告》来反映各行此项工作的开展情况。网点或分行每年也应出一本简要的消费者权益保护年度工作报告，这既能体现出监管的意旨，又能增强员工消保意识和服务意识，还有助于在每年监管部门对本行消保工作的考评中获得好成绩。如下图所示。

监管部门报告

2013 中国银行业消费者权益保护年度报告
2013 ANNUAL REPORT ON BANKING CONSUMER PROTECTION IN CHINA

2020 —银行消费者权益保护年度报告
2020 ANNUAL REPORT ON—BANK CONSUMER PROTECTION

分行或支行或网点消保报告模板

4.6 安保、保洁人员管理

主要标准与分值

	安保、保洁人员管理（20分）	
100	安保、保洁人员规范着装，仪容仪表符合上岗规范。	4
101	安保人员站姿挺拔、行姿稳健、手势自然，连续在岗，履行职责，值班记录完整，规范携带安保器械。	4
102	保洁人员在不影响客户的情况下，及时维护网点各区域环境卫生，清理纸屑杂物、水渍污痕；各种清洁工具隐蔽保管。	4
103	安保、保洁人员不得履行大堂经理职责，无代填单、代取号、提供业务咨询等行为，如遇客户咨询业务，礼貌引导至大堂服务人员。	8

100 安保、保洁人员规范着装，仪容仪表符合上岗规范。

标准示范：

分值：4 分。

分值分布（分）：

（1）安保、保洁人员规范着装（2）；

（2）仪容仪表符合上岗规范（2）。

考评方法：现场观察，调阅监控录像。

扣分点：无。

以往扣分情况如下：

无。此条在历次考评中未扣过分。

> **温馨提示**
>
> 　　只要是在银行网点区域工作的人员，包括安保、保洁人员，良好的职业形象都能给网点增添光彩。反之，则会影响网点形象。安保、保洁人员也应按其岗位规范要求进行作业。

101 　　安保人员站姿挺拔、行姿稳健、手势自然，连续在岗，履行职责，值班记录完整，规范携带安保器械。

标准示范：

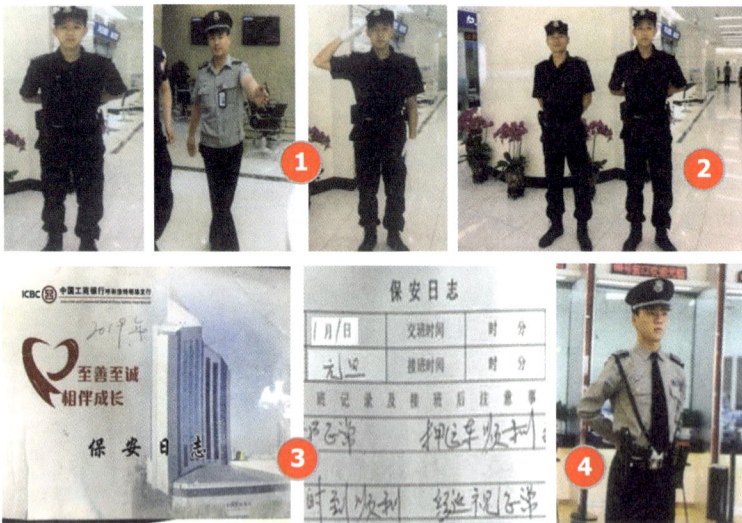

分值：4分。

分值分布（分）：

（1）安保人员站姿挺拔、行姿稳健、手势自然（1）；

（2）连续在岗，履行职责（1）；

（3）值班记录完整（1）；

（4）规范携带安保器械（1）。

考评方法：现场观察。

扣分点：（1）。

以往扣分情况如下：

（1）安保人员站姿不规范，弓腰驼背；行姿不规范，背手走路、无精打采，坐着跷二郎腿等。

> **温馨提示**
>
> 　　安保人员是银行大厅的安全卫士，其主要任务是在大厅内巡视，保护客户和银行的安全。安保人员威武挺拔、行姿稳健，体现出良好的职业素养，能给客户一种安全感。但是，安保人员不能太频繁地在客户中间来回穿梭，也不宜在大厅内随意把弄安保器械。为此，银行应定期开展安保人员专业培训，使其言行遵循行业标准，规范携带安保器械，时刻注意保护好客户和网点安全。

102 　　保洁人员在不影响客户的情况下，及时维护网点各区域环境卫生，清理纸屑杂物、水渍污痕；各种清洁工具隐蔽保管。

标准示范：

分值： 4分。

分值分布（分）：

（1）保洁人员在不影响客户的情况下，及时维护网点各区域环境卫生，清理纸屑杂物、水渍污痕（2）；

（2）各种清洁工具隐蔽保管（2）。

考评方法：现场观察，调阅监控录像。

扣分点：（2）。

以往扣分情况如下：

（2）各种清洁工具放置在营业大厅，未实行隐蔽保管。

> **温馨提示**
>
> 　　保洁人员应维护好营业厅各区域环境卫生，及时清理纸屑杂物、水渍污痕。用湿拖把拖地后应在拖过的地面放置"小心地滑"标牌，进行免责提示。用过的清洁工具放回工具间隐蔽保管。

103　安保、保洁人员不得履行大堂经理职责，无代填单、代取号、提供业务咨询等行为，如遇客户咨询业务，礼貌引导至大堂服务人员。

标准示范：

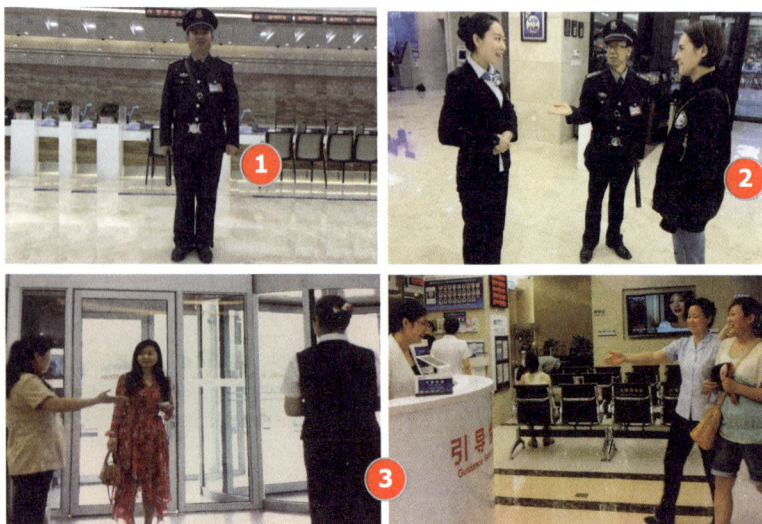

分值：8分。

分值分布（分）：

（1）安保、保洁人员不得履行大堂经理职责（3）；

（2）无代填单、代取号、提供业务咨询等行为（3）；

（3）如遇客户咨询业务，礼貌引导至大堂服务人员（2）。

考评方法：现场观察。

扣分点：（2）。

以往扣分情况如下：

（2）安保、保洁人员有代填单、代取号、提供业务咨询等行为。如下图所示。

> **温馨提示**
>
> 　　安保、保洁人员应各尽其责，不要越俎代庖。尤其安保人员的职责是保卫网点的安全。因此，安保人员的精力不能分散，须专注于网点是否存在安全隐患、异常人员、异常情况等。否则，一旦大厅发生突发安保事件，则安保人员无法履职。

第五模块　　岗位规范

本模块由大堂服务人员、柜员、贵宾服务区域客户（理财）经理等员工的岗位服务规范组成，共 22 条。网点为客户提供文明规范、优质高效的金融服务，让客户获得良好的服务体验，是服务创造价值的主要过程。解决黏客与活客问题。本模块共 160 分，各条分值详见下表。

主要标准与分值

岗位规范（160 分）		
104	大堂服务人员持续履职，主动询问需求，应做好客户引导、分流工作。	8
105	大堂服务人员实行移动式服务，主动进行营业厅、电子银行及 24 小时自助服务区域现场巡视，当客户需要帮助时及时提供帮助。	12
106	大堂服务人员离开大堂经理台为客户提供服务时摆放"大堂经理巡视中"提示牌，确保客户能够找到大堂经理等相关岗位人员寻求帮助。	5
107	大堂服务人员主动进行二次分流，及时响应并解决客户诉求，提供必要的安抚服务，预防投诉发生。	8
108	大堂服务人员有较强的现场管理能力，有效协调服务资源，对各岗位人员的不规范服务行为进行监督，主动提示。	10
109	大堂服务人员积极引导客户使用自助及智能设备，熟悉网点内各类设备使用方法，且能为客户提供使用指导。	10
110	大堂服务人员主动巡查自助及智能设备，确保正常使用，巡查记录完整可查；熟练掌握机具吞卡、钞等故障应急解决方法，知晓相应的工作流程及预案。	10
111	客户在办理业务时，员工及时劝导、避免其他客户进入一米以内距离区域的围观、等候行为（同行人员需征得客户同意），有效保护客户隐私，维护营业秩序。	10
112	营业结束后，网点及时关闭非 24 小时值机设备电源。	5
113	大堂服务人员做好《大堂经理日志》（电子或纸质）记录工作，真实、详细记载当天服务情况，整理并及时响应客户对服务工作的意见和建议。	8

续表

岗位规范（160 分）		
114	柜员办理业务熟练、准确、快捷、高效。	5
115	需要客户签字时，及时提示客户核对单据上的交易信息及签字位置。办理业务过程中如需复核、授权、现金调拨等内部操作行为，知会客户。办理业务过程中如需客户等候，柜员主动告知客户并说明原因，回到工作岗位后，向客户的耐心等待致谢。	15
116	办理现金业务时及时提醒客户清点核对；办理大额取现业务时提示客户注意人身财产安全，注重语言私密性。	5
117	柜员临时离柜明示暂停服务温馨提示。	5
118	业务办理完毕后，及时询问客户是否还有其他业务需求，并提示客户带齐各类物品，礼貌道别。	6
119	贵宾服务区域常备至少2种饮品，工作人员主动询问客户饮品需求。	2
120	客户（理财）经理主动询问客户需求，明示身份，耐心了解客户理财经历、风险偏好等，对客户的疑问能用浅显易懂的语言给出专业的回答。	8
121	客户（理财）经理熟悉所负责贵宾客户群体的基本情况，定期联系客户，提供专属服务，推荐本行金融产品。	4
122	不定期组织举办针对贵宾客户的专题活动。	3
123	按照监管要求，合规诚信销售产品，进行必要的风险揭示，语言通俗易懂。	6
124	客户表达购买意向时，客户（理财）经理按规定对客户进行必要、客观、真实的风险偏好、风险认知和风险承受能力等相关内容测试，并得到客户本人书面确认，确保将合适的产品和服务提供给合适的客户。	8
125	按照客户风险承受能力推荐相应的产品，充分告知客户产品特性、收费情况及客户权益，无诋毁、贬低同业现象，无误导、诱导客户现象，严禁销售未在本行产品信息查询平台上收录的产品。	7

104　大堂服务人员持续履职，主动询问需求，应做好客户引导、分流工作。

标准示范：

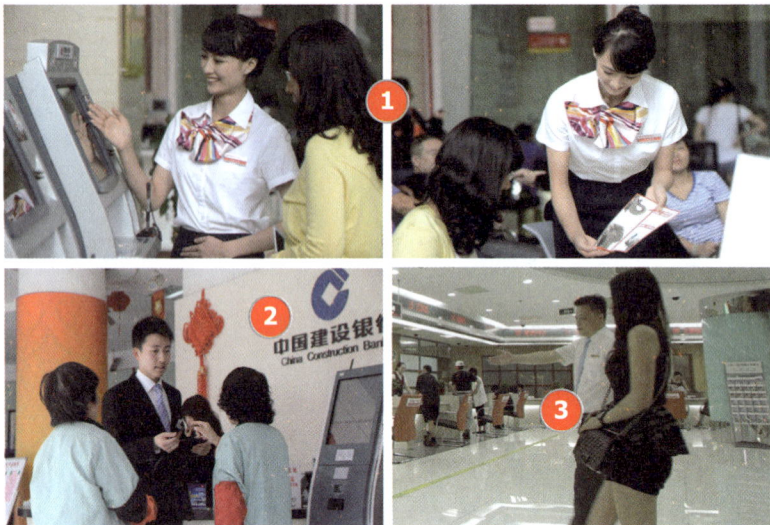

分值：8 分。

分值分布（分）：

（1）大堂服务人员持续履职（3）；

（2）主动询问需求（2）；

（3）应做好客户引导、分流工作（3）。

考评方法：现场观察，调阅监控录像。

扣分点：（2）。

以往扣分情况如下：

（2）主动向客户询问需求不够，缺乏灵气。

温馨提示

　　大堂服务人员主要是指大堂经理，大堂经理是大厅里的灵魂人物，他们是连接客户、柜台员工、客户经理的纽带，是银行服务的形象大使、银行服务文化的展示者、银行品牌信誉的守护神。从客户进门时起，大堂经理就应主动迎接客户，询问客户需求，对客户进行相应的业务引导。将各种不同业务需求的客户在理财、咨询、自助、柜台等不同类型的物理空间进行分流，满足不同客户的需求。

银行百佳、千佳及星级网点创建催生了第一批银行大堂服务智能机器人，工商银行、农业银行、中国银行、建设银行、交通银行、民生银行、兰州银行等都有了大堂服务智能机器人。"她们"的功能非常强大，可开展客户接待、引导分流、业务咨询、营销宣传、互动交流等多项工作。能主动对客户迎来送往，了解客户的业务需求，推荐当前热销产品，提示业务办理手续和注意事项，分流引导客户。如下图所示。

"她们"做起营销来一点儿也不含糊。例如，"姣姣"在"七夕"前后就成功地营销出了10多万元贵金属产品和8张VIP卡。这年我去上海检查验收百佳网点时与"姣姣"进行了一通交流，发现"她"果然很聪明。如下图所示。

105 大堂服务人员实行移动式服务，主动进行营业厅、电子银

行及 24 小时自助服务区域现场巡视，当客户需要帮助时及时提供帮助。

标准示范：

分值： 12 分。

分值分布（分）：

（1）大堂服务人员实行移动式服务（3）；

（2）主动进行营业厅现场巡视（2）；

（3）主动进行电子银行现场巡视（2）；

（4）主动进行 24 小时自助服务区域现场巡视（2）；

（5）当客户需要帮助时及时提供帮助（3）。

考评方法： 现场观察，调阅大堂日志。

扣分点： 无。

以往扣分情况如下：

无。此条在历次考评中未扣过分。

温馨提示

　　大堂服务人员实行移动式服务，且服务客户时一般是站着或蹲着，不坐着（孕妇除外）。每天开始营业前，大堂经理应对物品情况进行检查。在营业期间，要根据网点的情况进行整理，如随时整理填单台面、补充单据、保障签字笔书写流畅。在营业期间，大堂经理若发现了客户已填写且又废弃的凭条、申请书等单据，要放入碎纸机销毁或撕碎后再丢弃；发现柜面、桌面、营业大厅内有废弃纸屑或其他不洁物质的，要立即清理或安排保洁员清除；雨天要协助安保人员或引导员，引导客户使用雨伞架或伞套机。营业结束后，大堂经理需要整理营业环境、收集客户意见等。

106　大堂服务人员离开大堂经理台为客户提供服务时摆放"大堂经理巡视中"提示牌，确保客户能够找到大堂经理等相关岗位人员寻求帮助。

标准示范：

分值：5分。

分值分布（分）：

（1）大堂服务人员离开大堂经理台为客户提供服务时摆放"大堂经理巡视中"提示牌（2）；

（2）确保客户能够找到大堂经理等相关岗位人员寻求帮助（3）。

考评方法： 现场观察，查阅客户意见簿，调阅监控录像。

扣分点：（1）。

以往扣分情况如下：

（1）大堂服务人员离开大堂经理台为客户提供服务时未摆放"大堂经理巡视中"提示牌。

> **温馨提示**
>
> 　　大堂经理通过主动与客户沟通，与客户建立良好的关系，便能很好地了解掌握客户需求，进一步识别和挖掘潜力客户。但当大堂服务人员为了引导和分流客户而离开大堂经理台时，大堂服务人员应主动在大堂经理咨询台摆放"大堂经理巡视中"提示牌，引导和确保客户能够找到大堂经理等相关人员寻求帮助。

107 大堂服务人员主动进行二次分流，及时响应并解决客户诉求，提供必要的安抚服务，预防投诉发生。

标准示范：

分值：8分。

分值分布（分）：

（1）大堂服务人员主动进行二次分流（3）；

（2）及时响应并解决客户诉求（2）；

（3）提供必要的安抚服务，预防投诉发生（3）。

考评方法：现场观察，查看客户意见簿，调看监控录像。

扣分点：（1）（3）。

以往扣分情况如下：

（1）大堂服务人员未主动进行二次分流；

（3）当等候的客户人数较多时，大堂工作人员未做客户安抚工作或安抚不到位。

温馨提示

当大厅内等候的客户较多时，大堂服务人员可主动上前询问客户办理什么业务，能在自助机具上办理的便引领到自助机具办理。当叫号语音播报一遍某个号而无客户响应时，大堂服务人员可以主动协助快速重复叫一遍该号；若还未应答，便可预叫下一个号，请其做好准备。大厅内若客户较多，大堂服务智能机器人还能很好地发挥作用，"她们"能主动自如地与等候办理各类业务的客户进行交流互动，并可即兴表演节目。萌萌的样子、生动的语言、人性化的服务，深受客户喜爱，可以很好地起到安抚客户的作用。如下图所示。

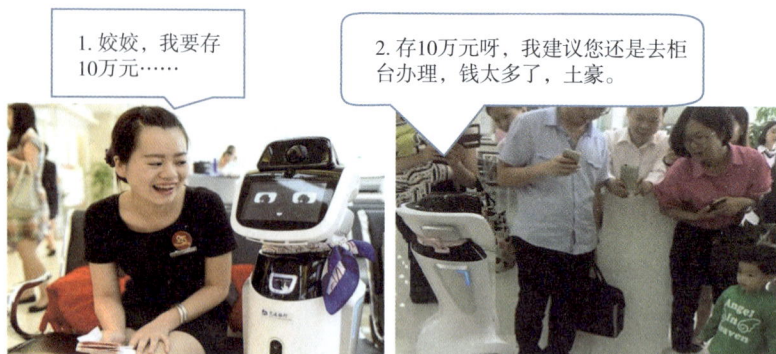

108　大堂服务人员有较强的现场管理能力，有效协调服务资源，对各岗位人员的不规范服务行为进行监督，主动提示。

标准示范：

分值：10分。

分值分布（分）：

（1）大堂服务人员有较强的现场管理能力（2）；

（2）有效协调服务资源（2）；

（3）对各岗位人员的不规范服务行为进行监督（3）；

（4）主动提示（3）。

考评方法：现场观察，调阅监控录像。

扣分点：（4）。

以往扣分情况如下：

（4）大堂经理发现了营业岗位服务人员的不规范行为，但碍于面子未提示。

温馨提示

　　大堂服务人员现场管理能力包括协调营业大厅的各类服务资源，通过流程管理、排队管理、沟通协调、员工辅导、巡查管理、晨会夕会管理、质量记录、追踪管理等现场管理，为每一位走进厅堂的客户提供安全、舒适、温馨、快捷、高效的服务，促成客户现实或潜在的业务需求，持续提升客户满意度。其中，流程管理又细分为开门迎客、客户咨询、客户分流、客户指导、产品营销、投诉处理、客户挽留、应急处理八项。这八项主要流程需要大堂服务人员重点把握。大堂服务人员还担负着银行营业网点服务客户时承上启下、协调管理、流程衔接的职责，要做好网点各个岗位服务客户的沟通协调工作，充分利用网点资源，做好大厅客户服务管理工作。此外，大堂经理还拥有对大厅工作人员进行监督的职责，主要监督不规范服务行为，并主动进行提示。网点负责人对此应给予支持。不过履行这个职责应讲究方式方法，发现有不规范行为一般不宜大声提示，可以用手势等肢体语言提示。

---

109 大堂服务人员积极引导客户使用自助及智能设备，熟悉网点内各类设备使用方法，且能为客户提供使用指导。

标准示范：

分值：10分。

分值分布（分）：

（1）大堂服务人员积极引导客户使用自助及智能设备（4）；

（2）熟悉网点内各类设备使用方法（3）；

（3）能为客户提供使用指导（3）。

考评方法：现场观察，调阅监控录像。

扣分点：（1）。

以往扣分情况如下：

（1）大堂服务人员引导客户使用自助及智能设备不耐心，人多时语言和语速就急，甚至简单一指一说就完事，也不管客户会不会操作使用。

> **温馨提示**
>
> 　　大堂服务人员要熟练地掌握各类自助与智能设备的使用方法，积极引导分流客户，主动帮助和辅导客户使用各类自助与智能机具。一次、两次、三次，不厌其烦地指导客户学会自己操作。

110　大堂服务人员主动巡查自助及智能设备，确保正常使用，巡查记录完整可查；熟练掌握机具吞卡、钞等故障应急解决方法，知晓相应的工作流程及预案。

标准示范：

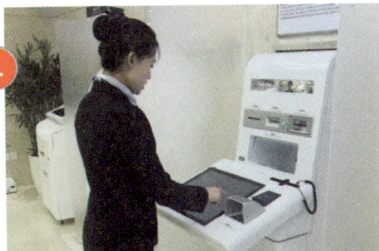

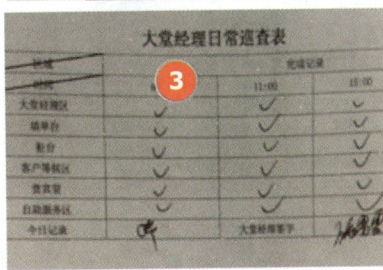

分值：10 分。

分值分布（分）：

（1）大堂服务人员主动巡查自助及智能设备（2）；

（2）确保正常使用（2）；

（3）巡查记录完整可查（2）；

（4）熟练掌握机具吞卡、钞等故障应急解决方法（2）；

（5）知晓相应的工作流程及预案（2）。

考评方法：现场观察，调阅监控录像和大堂日志等。

扣分点：（4）。

以往扣分情况如下：

（4）大堂服务人员未能熟练掌握自助机具吞卡、钞等故障应急知识与方法，未能有效地帮助客户按时解决问题。

温馨提示

　　若客户卡、钞被机具吞了，客户一般会要求现场解决问题，而现实中往往现场又解决不了问题，引起抱怨。如持卡人输入三次错误的密码，卡就会被机具收走，或客户存钱被 ATM 没收等，这些情况下客户往往现场取不了卡或钞，只能到发卡中心（行）或运营中心去办理或来日处理，大堂服务人员态度不好或解释不到位或拖着多天也迟迟解决不了就会引起抱怨与投诉。因此，遇到客户卡、钞被机具吞了，大堂服务人员首先要问清楚吞钞、卡的情况，然后再有针对性地进行指导，若现场取不了卡或钞，则应耐心解释，并积极与发卡中心（行）或运营中心联系，按应急预案和流程拿出一个明确的解决方案和时间告诉客户，并按时解决问题。同时请客户留下联系方式，关注客户至取回卡片或钞票（或划至客户账户）。若超越了自己的权限则应请示主管领导和相关部门，直到解决问题为止。

111 　　客户在办理业务时，员工及时劝导、避免其他客户进入一米以内距离区域的围观、等候行为（同行人员需征得客户同意），有效保护客户隐私，维护营业秩序。

标准示范：

先生，请您在一米线外等候，谢谢！

女士，请您在一米线外等候，谢谢！

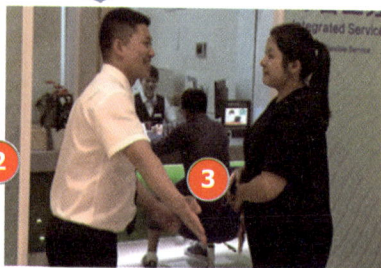

分值：10分。

分值分布（分）：

（1）客户在办理业务时，员工及时劝导、避免其他客户进入一米以内距离区域的围观、等候行为（同行人员需征得客户同意）（6）；

（2）有效保护客户隐私（2）；

（3）维护营业秩序（2）。

考评方法：现场观察，调阅监控录像。

扣分点：（1）。

以往扣分情况如下：

（1）A客户在办理业务时，B客户进入一米线内围观、等候，但无大堂服务人员劝导。如下图所示。

此场景中扣分点很多。一是女士办理业务时一位男士站在了她身后，但无大堂服务人员劝导。二是客户等候区内的一位女士已焦急地站立着，无人安抚。三是等待的客户较多，未进行二次分流。四是未设一米线。五是未向客户做任何形式的宣传或产品营销推荐等。

温馨提示

等候区类似图上的座椅不宜正对柜台，让所有客户直视柜台柜员，柜员易产生紧张心理，客户也会产生焦虑情绪。应侧向柜台，前面置放电视窗，电视窗可滚动播放服务价格目录、产品信息、公众教育、风险提示及防诈骗等内容，这样可缓解客户等候时的焦虑情绪。或在客户侧面置放纸制宣传推介材料等。原银监会发布的《银行业消费者权益保护工作指引》明确提出要尊重银行业消费者的个人金融信息安全权。客户办理业务时，大堂服务人员应及时劝导、避免其他客户进入一米线内围观，保护好消费者的个人金融信息安全权，有效保护客户隐私，做好客户的私密性保护工作。

112 营业结束后，网点及时关闭非 24 小时值机设备电源。

标准示范：

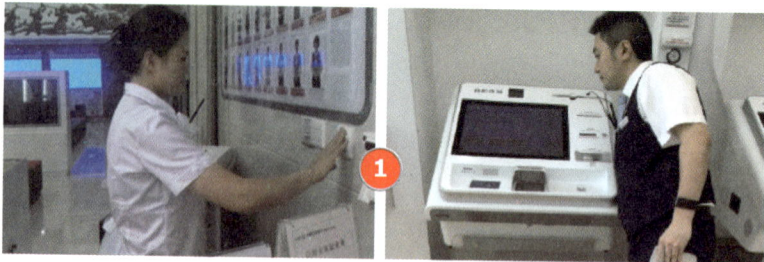

分值：5 分。

分值分布（分）：

（1）营业结束后，网点及时关闭非 24 小时值机设备电源（5）。

考评方法：调阅监控录像。

扣分点：无。

以往扣分情况如下：

无。此条在历次考评中未扣过分。

> **温馨提示**
>
> 　一天营业结束，大堂服务人员及时关闭非 24 小时值机设备电源是为了保护好这些设备的使用寿命，同时也是为了办公环境的安全，避免因线路故障引发火灾。

113 大堂服务人员做好《大堂经理日志》（电子或纸质）记录工作，真实、详细记载当天服务情况，整理并及时响应客户对服务工作的意见和建议。

标准示范：

A	B	大堂经理工作日志	C	D	E
时间		2017 年 10 月 19 日	网点名称		支行营业室
当天工作重点要点		1.业务分流 2.冲刺存款：存款类 节节高 大额存单 三融系列			
当天主推产品		储蓄卡拓户 存款产品 三融产品			
当天巡检总结		正常			
受理客户投诉和意见情况	客户姓名	内容	处理结果	联系方式	
	无				

营业室大堂服务工作小结
（2020 年 1 月 8 日）

1. 客户张先生一笔定期存款即将到期，询问我行有无 3 年期国债销售，他想购买；

2. 客户王女士问我行还有无保本理财产品；

3. 客户田先生想要买信托产品，询问我行

分值：8 分。

分值分布（分）：

（1）大堂服务人员做好《大堂经理日志》（电子或纸质）记录工作（2）；

（2）真实、详细记载当天服务情况（4）；

（3）整理并及时响应客户对服务工作的意见和建议（2）。

考评方法：查阅《大堂经理日志》。

扣分点：（1）。

以往扣分情况如下：

（1）检查期内发现《大堂经理日志》有缺页现象。

温馨提示

　　大堂经理工作日志用于记录大堂经理一天的工作情况、客户接待、客户分流、员工仪容仪表、室内外环境、销售业绩、服务情况、整体员工工作表现、客户投诉、发现的主要问题等，是大堂经理最重要的工作质量记录，由大堂经理本人负责在每日班后填写。大堂经理休假或不当班时，由大堂经理代理人负责该日志的填写。

坚持做好《大堂经理日志》可以帮助网点改进服务，响应客户诉求，便于形成良好的服务文化。

114 柜员办理业务熟练、准确、快捷、高效。

标准示范：

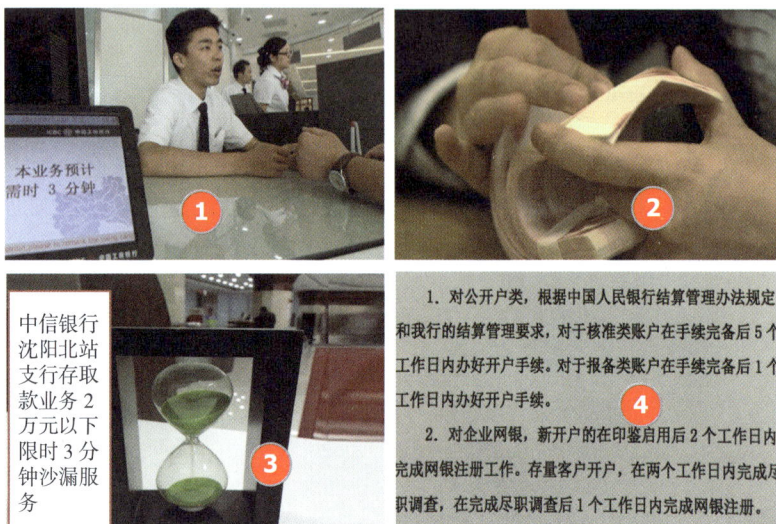

中信银行沈阳北站支行存取款业务2万元以下限时3分钟沙漏服务

分值：5分。

分值分布（分）：

（1）柜员办理业务熟练（1）；

（2）准确（1）；

（3）快捷（1）；

（4）高效（2）。

考评方法：现场观察，查看客户意见簿。

扣分点：（4）。

以往扣分情况如下：

（4）柜员办理业务效率不高，时间过长，引起客户抱怨。

温馨提示

提高服务效率，可以从硬件和软件两个方面展开。一方面，在机器设备上做文章。例如，取款业务可以根据需求增设大额现金取款机来提高服务效率，单笔取款额度可根据市场需求上调 10 万元或 8 万元等；自助机具单笔汇款额度也可适当提高，尤其智能机具，智能机具汇款额最高可达 50 万元。另一方面，银行相关部门应组织对公和零售等业务一线员工定期开展岗位练兵和业务技能培训，不断提高员工服务水平和强化服务技能，使员工能准确、快捷、高效地办理业务。

115 需要客户签字时，及时提示客户核对单据上的交易信息及签字位置。办理业务过程中如需复核、授权、现金调拨等内部操作行为，知会客户。办理业务过程中如需客户等候，柜员主动告知客户并说明原因，回到工作岗位后，向客户的耐心等待致谢。

标准示范：

王先生，请您核对信息无误后签字……

1. 林女士，您好，您的业务需要授权，请稍等。

2. 好的，没关系，谢谢。

3. 林女士，您好，还得请您再等1分钟，您的折子打满了，我去给您取一个新折子。

4. 林女士，谢谢您的耐心等待。您的折子已经取回来了，我这就给您办理……

分值：15 分。

分值分布（分）：

（1）需要客户签字时，及时提示客户核对单据上的交易信息及签字位置（3）；

（2）办理业务过程中如需复核、授权、现金调拨等内部操作行为，知会客户（3）；

（3）办理业务过程中如需客户等候，柜员主动告知客户（3）；

（4）说明原因（3）；

（5）回到工作岗位后，向客户的耐心等待致谢（3）。

考评方法：现场观察，调阅监控录像。

扣分点：（5）。

以往扣分情况如下：

（5）柜员回到工作岗位后，忘记向客户的耐心等待致谢。

温馨提示

　　柜员在把需客户签字的单据或凭证递给客户时，若是低柜区，柜员应顺便指出客户签字的具体位置；若是高柜区，柜员隔着玻璃可以用语言提示客户在"右下角"或"左下角"等位置签字。办理业务过程中需复核、授权、现金调拨等内部操作行为的，柜面人员应知会客户，这是对客户的尊重，也是求得客户对员工进行内部操作所占用时间的理解。业务办理过程中柜员应尽量把复印工作交给后台或大堂服务人员办理，确需客户等候的，柜员主动告知客户并说明原因，回到工作岗位后向客户的耐心等待致谢。这个礼貌行为对和谐双方关系，争取客户理解与支持必不可少。

116 办理现金业务时及时提醒客户清点核对；办理大额取现业务时提示客户注意人身财产安全，注重语言私密性。

标准示范：

1. 轻声地：女士，一共20200元，请您当面核对。

2. 轻声地：请您收好现金和银行卡，注意安全，再见。

分值： 5分。

分值分布（分）：

（1）办理现金业务时及时提醒客户清点核对（2）；

（2）办理大额取现业务时提示客户注意人身财产安全（2）；

（3）注重语言私密性（1）。

考评方法： 现场观察，调阅监控录像。

扣分点： 无。

以往扣分情况如下：

无。此条在历次考评中未扣过分。

> **温馨提示**
>
> 　　在办理现金业务时柜员应主动用语言提示客户注意人身财产安全，音量不宜过大。尤其大额取款业务，柜员应主动提供纸袋，并适当给予隐蔽帮助。与客户沟通取款金额也可通过显示器进行，还可给客户端配置一个智能与手工盲文器二合一的"密码键盘＋触摸显示屏"，柜员可以将现金数量通过屏显与客户进行交流。不用大声呼叫"取多少钱？""取 N 万元"。同时，手工盲文密码键盘方便了盲人客户，客户体验也好。如下图所示。

触摸显示屏

117 柜员临时离柜明示暂停服务温馨提示。

标准示范：

分值： 5 分。

分值分布（分）：

（1）柜员临时离柜明示暂停服务温馨提示（5）。

考评方法： 现场观察，查看客户意见簿，调阅监控录像。

扣分点：（1）。

以往扣分情况如下：

（1）高柜柜员临时离柜未将暂停服务幕帘垂下，或低柜柜员临时离柜未置放"暂停服务"牌。

> **温馨提示**
>
> 以上未按要求做的两种情况都容易引发客户不满和投诉。因此，高柜柜员离柜应垂下暂停服务幕帘，低柜柜员离柜应置放"暂停服务"牌。这样可以减少客户对该柜台的心理预期，降低投诉的可能性。

118 业务办理完毕后，及时询问客户是否还有其他业务需求，并提示客户带齐各类物品，礼貌道别。

标准示范：

女士，请问您还办理其他业务吗？①

女士，请收好您的凭证资料，带好随身物品，请慢走，再见。②

③

分值：6分。

分值分布（分）：

（1）业务办理完毕后，及时询问客户是否还有其他业务需求（2）；

（2）提示客户带齐各类物品（2）；

（3）礼貌告别（2）。

考评方法：现场观察，调阅监控录像。

扣分点：（2）。

以往扣分情况如下：

（2）柜员在给客户办完业务后未提示客户带齐随身物品。

> **温馨提示**
>
> 　　业务办理完毕，柜员主动询问客户是否还需办理其他业务，并提示客户带好随身物品，同时也看一眼客户办理业务的柜面、桌面上是否有客户遗忘下的物品，向客户礼貌道别。这是一个连续的过程，做习惯了也就自然了。

119 贵宾服务区域常备至少 2 种饮品，工作人员主动询问客户饮品需求。

标准示范：

为客户提供了橙汁、桔汁、矿泉水及咖啡……

1. 女士，您要的咖啡给您磨好了……

2. 好的，谢谢！

分值：2 分。

分值分布（分）：

（1）贵宾服务区域常备至少 2 种饮品（1）；

（2）工作人员主动询问客户饮品需求（1）。

考评方法：现场观察，调阅监控录像。

扣分点：无。

以往扣分情况如下：

无。此条在历次考评中未扣过分。

温馨提示

　　有的网点为节省成本，通过人事代理外聘人员做此项工作，但他们一时半会很难与贵宾环境及银行员工融合在一起。建议贵宾（理财）服务区域尽量不要通过人事代理外聘人员做服务。应由客户（理财）经理提供专属理财业务及接待服务，主动关心、询问客户的饮品需求。若是新磨咖啡，应指明咖啡豆产自何地、口感等。是否加糖应征询客户意见，或将食糖摆放在茶几上，由客户自己选择。这有利于增进客户（理财）经理与客户的沟通。

120 客户（理财）经理主动问询客户需求，明示身份，耐心了解客户理财经历、风险偏好等，对客户的疑问能用浅显易懂的语言给出专业的回答。

标准示范：

1. 赵总您好，今天要办理什么业务呢？

2. 我是理财经理，这是我的名片……

3. 您好，谢谢！我想做点投资理财，不喜欢风险过高的……

4. 请问赵总先前在我行做过投资风险测评吗？

5. 做过。我想买收益高而风险低的理财产品，你们有吗？

6. 赵总，我要根据您的风险测评等级来推荐相应的投资产品……

分值：8分。

分值分布（分）：

（1）客户（理财）经理主动问询客户需求（2）；

（2）明示身份（2）；

（3）耐心了解客户理财经历、风险偏好等（2）；

（4）对客户的疑问能用浅显易懂的语言给出专业的回答（2）。

考评方法： 现场观察，调阅监控录像。

扣分点： （3）。

以往扣分情况如下：

（3）客户（理财）经理对客户理财经历、风险偏好等未耐心地进行了解就直接推介销售理财产品。

> **温馨提示**
>
> 　　客户（理财）经理应主动问询客户的理财需求，耐心了解客户理财经历、风险偏好等，认真进行客户识别，为接下来的服务营销做好信息准备。同时，又要浅显易懂地回答客户的咨询与疑问，帮助客户做到信息对称。切记不要只顾销售产品而将产品与客户风险等级错配。

121 　客户（理财）经理熟悉所负责贵宾客户群体的基本情况，定期联系客户，提供专属服务，推荐本行金融产品。

　　标准示范：

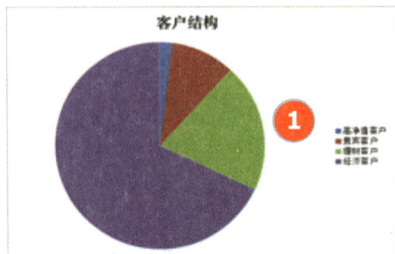
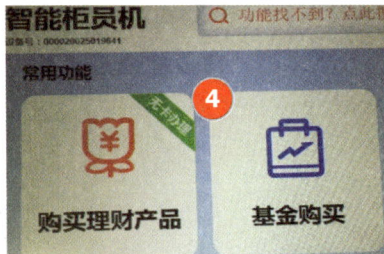

分值：4分。

分值分布（分）：

（1）客户（理财）经理熟悉所负责贵宾客户群体的基本情况（1）；

（2）定期联系客户（1）；

（3）提供专属服务（1）；

（4）推荐本行金融产品（1）。

考评方法：调阅相关联系、沟通记录和会议活动等资料。

扣分点：无。

以往扣分情况如下：

无。此条在历次考评中未扣过分。

温馨提示

　　客户（理财）经理应熟悉所负责贵宾客户群体的基本情况和结构，经常、定期联系客户，通过每一次给客户办理业务的机会进一步了解客户。关心客户投资理财，甚至客户所拥有企业、公司的生产经营状况，为客户提供相关信息咨询服务或相关参考建议等。

---

122 不定期组织举办针对贵宾客户的专题活动。

标准示范：

分值：3分。

分值分布（分）：

（1）不定期组织举办针对贵宾客户的专题活动（3）。

考评方法：调阅会议活动记录、举办沙龙活动记录等资料。

扣分点：无。

以往扣分情况如下：

无。此条在历次考评中未扣过分。

温馨提示

　　一般一个季度应举办一次（一年不应少于两次，多多益善）针对贵宾客户的专题活动，可结合银行产品研发与新产品推出情况随时举办专题活动，或根据客户从事的行业工作，为客户提供网点场景平台，举办如产品宣介、健康保健、艺术鉴赏、投资理财、专题讲座、家族传承等沙龙、论坛、会议和单个专属活动等。要利用各种题材尽量把VIP客户吸引到网点来，或通过各种途径与VIP客户保持密切联系，进行黏客与活客活动。

---

123 按照监管要求，合规诚信销售产品，进行必要的风险揭示，语言通俗易懂。

标准示范：

分值：6分。

分值分布（分）：

（1）按照监管要求，合规诚信销售产品（2）；

（2）进行必要的风险揭示（3）；

（3）语言通俗易懂（1）。

考评方法：现场观察，调阅监控录像。

扣分点：（2）。

以往扣分情况如下：

（2）客户（理财）经理未进行必要的风险揭示，办公桌面上未见风险提示标牌或话语，即使有，其字体也很小，置放位置不显著。

> **温馨提示**
>
> 在销售理财产品时，客户（理财）经理应向客户进行风险揭示，自己的办公桌面上应摆放风险提示标牌，置放位置要显著，便于客户看见。这个标牌可以做成三角体，第一面是风险提示，第二面是理财资质证书缩印版，第三面是"暂停服务，请到邻柜办理"提示。人在岗服务时展示第一面、第二面，人有事离岗时便将第三

面对向客户端进行提示。

此外，也可以设计成矗立在办公桌面上的可旋转的三角体，第一面是风险提示，第二面是监管部门关于录音录像的规定，第三面是客户经理的理财资质证书。既美观又实用，还不占用太多桌面。如下图所示。

124　客户表达购买意向时，客户（理财）经理按规定对客户进行必要、客观、真实的风险偏好、风险认知和风险承受能力等相关内容测试，并得到客户本人书面确认，确保将合适的产品和服务提供给合适的客户。

标准示范：

分值：8分。

分值分布（分）：

（1）客户表达购买意向时，客户（理财）经理按规定对客户进行必要、客观、真实的风险偏好、风险认知和风险承受能力等相关内容测试（4）；

（2）得到客户本人书面确认，确保将合适的产品和服务提供给合适的客户（4）。

考评方法：调阅相关理财销售记录和"双录"视频资料。

扣分点：（2）。

以往扣分情况如下：

（2）未将合适的产品和服务提供给合适的客户。当客户测评结果为稳健型时却要购买激进型产品，而理财经理为多销理财产品就将激进型产品销售给了稳健型客户。

> **温馨提示**
>
> 　　对于首次到银行网点购买理财产品的客户，客户（理财）经理一定要按规定对客户进行必要、客观、真实的风险评估测试，按风险测试结果，将合适的产品推介给客户。这种做法既是为客户好，也可使银行避免不必要的法律纠纷。上海一网点将高风险产品销售给了稳健型客户，结果客户赔钱了，最终法院判决网点赔客户200多万元。

125　按照客户风险承受能力推荐相应的产品，充分告知客户产品特性、收费情况及客户权益，无诋毁、贬低同业现象，无误导、诱导客户现象，严禁销售未在本行产品信息查询平台上收录的产品。

标准示范：

分值：7分。

分值分布（分）：

（1）按照客户风险承受能力推荐相应的产品（1）；

（2）充分告知客户产品特性、收费情况及客户权益（1）；

（3）无诋毁、贬低同业现象（1）；

（4）无误导、诱导客户现象（2）；

（5）严禁销售未在本行产品信息查询平台上收录的产品（2）。

考评方法：现场观察，查看客户意见簿，调阅监控录像。

扣分点：（1）（4）。

以往扣分情况如下：

（1）未按照客户风险承受能力推荐相应的产品；

（4）误导或诱导客户购买产品。如利用客户信任银行的情结，将代销产品说成是银行自身的产品并销售给客户。

温馨提示

　　在推介理财产品时，客户（理财）经理应按照客户风险承受能力推荐相应的产品；不能误导或诱导客户购买产品，否则，客户迟早会明白过来的，这时带来的往往就是抱怨和投诉。也不应诋毁、贬低同业，否则迟早也会带来同业的诋毁与贬低。

本模块由制度建设和制度执行两部分组成，共 18 条。拟通过制度建设与制度执行，将文明规范服务制度化、常态化。并将网点百佳、千佳、星级品牌网点建设和消保工作纳入系统综合考核评价体系，给品牌建设注入强大的内在动力，进而持续推进服务品牌建设与服务质量稳步上升。本模块共 120 分，各部分分值详见下表。

服务制度（120 分）	
6.1 制度建设	25 分
6.2 制度执行	95 分

6.1　制度建设

主要标准与分值

	制度建设（25 分）	
126	建立文明规范服务工作制度，包括服务监测、投诉处理、应急处理、服务考核、特殊群体服务等内容。	7
127	服务档案材料提倡电子化管理，规范分类、保存，内容完整，能随时调阅。	4
128	明确网点主要负责人和分管负责人服务管理、消费者权益保护职责要求，并明确各岗位相关工作内容及职责范围。	7
129	网点年度工作计划中明确服务质量和水平提升的具体目标、措施，并实现目标。	7

126 建立文明规范服务工作制度，包括服务监测、投诉处理、应急处理、服务考核、特殊群体服务等内容。

标准示范：

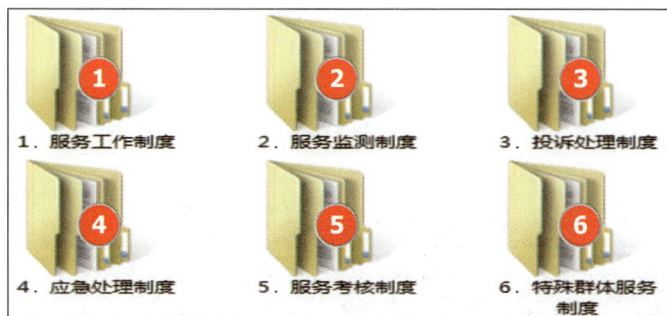

1. 服务工作制度
2. 服务监测制度
3. 投诉处理制度
4. 应急处理制度
5. 服务考核制度
6. 特殊群体服务制度

分值： 7分。

分值分布（分）：

（1）建立文明规范服务工作制度（2）；

（2）包括服务监测（1）；

（3）投诉处理（1）；

（4）应急处理（1）；

（5）服务考核（1）；

（6）特殊群体服务（1）等内容。

考评方法： 查阅相关制度规定。

扣分点：（2）（3）（4）。

以往扣分情况如下：

（2）服务监测不到位，或监测到的数据未能用于改进服务；

（3）投诉处理制度不健全，没有闭环处理流程；

（4）未做应急预案，员工不知道应急流程。

温馨提示

　　文明规范服务制度是文明规范服务工作常态化、制度化和规范化的保障。因此，网点要建立健全文明规范服务各项工作制度，包括服务工作安排推动、服务监测、投诉处理、应急预案、服务考核、特殊群体服务等内容，并严格执行。制度资料保存一是进行电子化归档管理，二是可印制成册，两种方式保存。如下图所示。

127　　服务档案材料提倡电子化管理，规范分类、保存，内容完整，能随时调阅。

标准示范：

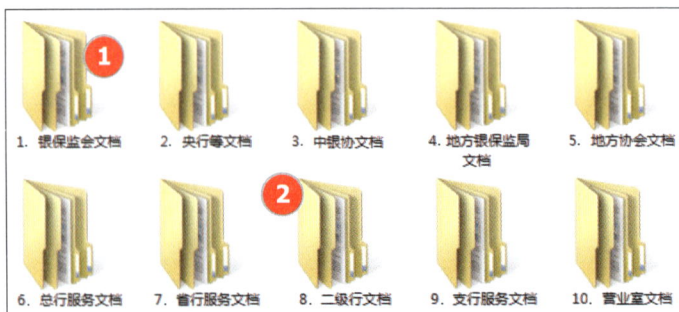

1. 银保监会文档   2. 央行等文档   3. 中银协文档   4. 地方银保监局文档   5. 地方协会文档

6. 总行服务文档   7. 省行服务文档   8. 二级行文档   9. 支行服务文档   10. 营业室文档

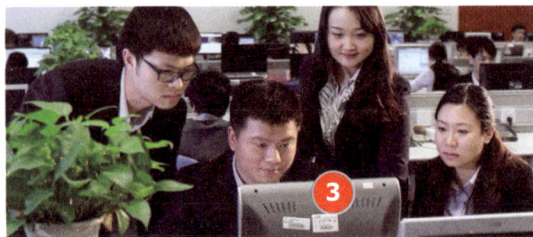

分值：4分。

分值分布（分）：

（1）服务档案材料提倡电子化管理，规范分类、保存（2）；

（2）内容完整（1）；

（3）能随时调阅（1）。

考评方法：现场检查。

扣分点：（1）。

以往扣分情况如下：

（1）服务档案材料未规范分类，没有条理，不方便查找。

温馨提示

　　随着时间的推移，服务档案资料会越来越多，因此，为了便于累积保存，档案资料可实行电子化管理。服务档案材料应进行分类规范管理，统一保存，能随时调阅。

　　文明规范服务档案资料既是文明规范服务的积累，也是网点文化的物化存在形式。文明规范服务档案可按以下两个思路进行整理。

　　一是按文件出处分类整理，如按中国银保监会、中国人民银行、中国银行业协会、地方银保监局、地方银行业协会、系统内总行、系统内分行、二级分行、支行和本网点营业室的文明规范服务相关文档资料进行规范整理归档，见"标准示范"。网点营业室一般准备2年内的服务工作资料即可，主要包括：对监管部门、银行业协会和上级行文件的贯彻落实情况，包括行规行约、内控制度、岗位职责、服务践行、服务考核、检查监督、投诉处理、应急预案、学习培训、创建活动、创优评先、活动掠影、荣誉展示、服务宣传、经验交流及金融知识进万家和万里行活动开展情况等。

　　二是按照行业标准168条所涉及的内容逐条进行梳理，某条涉及什么制度就把该项制度列出来，按条排列和整理服务档案。如下图所示。

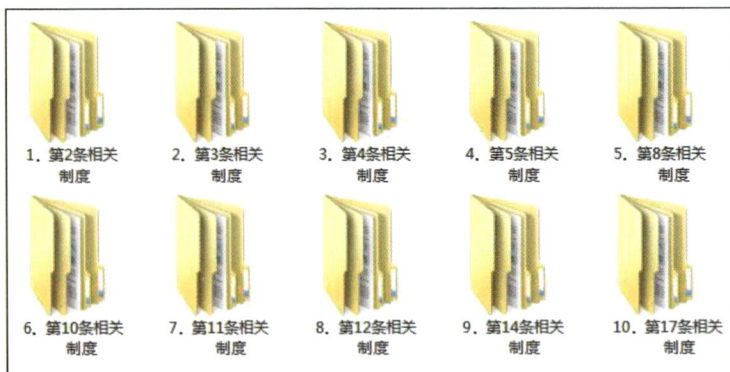

1. 第2条相关制度　2. 第3条相关制度　3. 第4条相关制度　4. 第5条相关制度　5. 第8条相关制度

6. 第10条相关制度　7. 第11条相关制度　8. 第12条相关制度　9. 第14条相关制度　10. 第17条相关制度

整理完毕，除保存电子文档外，可将第一个思路的文档资料印制成册，陈列于资料室。若遇检查组检查，可搬至会议室供检查之用。如下图所示。

128 明确网点主要负责人和分管负责人服务管理、消费者权益保护职责要求，并明确各岗位相关工作内容及职责范围。

标准示范：

1. 网点主要负责人服务管理、消保职责　2. 网点分管负责人服务管理、消保职责　3. 其他各岗位相关工作内容及职责范围

分值： 7分。

分值分布（分）：

（1）明确网点主要负责人（1）服务管理（0.5）、消费者权益保护

（0.5）职责要求；

（2）明确分管负责人（1）服务管理（0.5）、消费者权益保护（0.5）职责要求；

（3）明确各岗位相关工作内容及职责范围（3）。

考评方法：查看相关制度、岗位分工、职责范围规定等。

扣分点：无。

以往扣分情况如下：

无。此条在历次考评中未扣过分。

> **温馨提示**
>
> 　　银行网点应建立以上相关人员服务管理制度，明确主要负责人和分管负责人服务管理职责，并严格执行。同时明确其他各岗位相关工作内容及职责范围，其中包含大堂经理岗位相关工作内容及职责范围、理财经理岗位相关工作内容及职责范围、客户经理岗位相关工作内容及职责范围、柜员岗位相关工作内容及职责范围、安保等岗位相关工作内容及职责范围。这些服务内容及职责范围要清晰，便于理解、执行。

129 网点年度工作计划中明确服务质量和水平提升的具体目标、措施，并实现目标。

标准示范：

1. 网点年度工作计划
2. 年度网点服务质量和水平提升目标
3. 年度网点服务质量和水平提升措施

年度服务质量提升情况总结 ③

　　在分行和支行服务办指导下，经过营业室全体员工共同努力，2019年度营业室服务质量提升目标已圆满完成，现详细汇报如下：

分值：7分。

分值分布（分）：

（1）网点年度工作计划中明确服务质量和水平提升的具体目标（2）；

（2）网点年度工作计划中明确服务质量和水平提升的具体措施（2）；

（3）实现目标（3）。

考评方法：查看相关制度，查阅网点年度工作计划等。至少查两个年度的工作计划。

扣分点：（1）（2）。

以往扣分情况如下：

（1）网点年度工作计划中的服务水平提升目标未经科学合理测算，或者未制定服务水平提升目标；

（2）服务质量和水平提升的具体措施不明晰，只有口号式的几句话。

> **温馨提示**
>
> 要想提高服务质量和服务水平，须事先制定一个具体目标和为实现目标而采取的措施，然后一切行动、一切工作都朝着这个目标推进。稳扎稳打，再加上跟踪督办，才能实现目标。

6.2　制度执行

主要标准与分值

制度执行（95分）		
130	按照文明规范服务监测制度，按月通过现场巡检、调阅录像等方式自查，按季评价，按年总结，及时整改，记录完整。	12
131	指定人员每天对各区域进行服务巡检，记录完整。	6
132	网点完整保存上级行对其服务监测记录；及时落实整改上级行监测发现的问题，过程跟踪与落实结果记录完整、效果可鉴。	8
133	按照客户投诉处理制度，明确投诉处理流程及处理时限。	4

	制度执行（95分）	
134	畅通客户投诉（意见）渠道，通过网点内明显位置设置中英文对照的客户意见簿、设置投诉电话等方式广泛收集客户意见。	6
135	对客户意见簿上的意见24小时内响应，对留有电话信息的客户在规定时间内予以回复、回访。客户意见簿真实完整记录客户意见及回复信息，页码连续、格式规范；按年保管，两年以内的意见簿可随时调阅。	7
136	发生客户投诉时，按照投诉处理流程有效处理现场投诉。现场处理有困难的，给客户承诺明确的处理时限，如有需要及时向上级报告，并详细记录相关信息。	7
137	按年度分析客户意见和投诉反映出的各类问题，整改记录完整。	4
138	开展客户评价，定期进行客户满意度调查，征求客户意见、建议和需求，相关信息记录真实、完整，分析、反馈、报告及时。	5
139	网点服务突发事件应急预案完备，信息报告渠道通畅高效。	4
140	定期开展应急演练，相关文字、图片或影像记录完整。	5
141	员工熟知在突发事件应急预案中的角色定位和处理流程。如遇突发事件，按照相应应急预案及时进行处置，记录完整。	6
142	定期组织开展服务评比、表彰、总结，有相关文字、图片或影像记录。	6
143	创建百佳、千佳单位及星级网点等文明规范服务工作，以及消费者权益保护工作纳入系统综合经营绩效考核评价体系，配以合理考核权重及激励机制，且本网点在系统内服务考评排名前列。	15

130　　按照文明规范服务监测制度，按月通过现场巡检、调阅录像等方式自查，按季评价，按年总结，及时整改，记录完整。

标准示范：

1. 支行文明规范服务监测制度
2. 月度自查报告
3. 季度自查报告
4. 年度自查报告
5. 整改报告
6. 问题整改登记簿

按照网点监测制度进行月度、季度、年度自查和整改，并将相关工作留下文字和图片资料，问题整改记录完整。

分值：12分。

分值分布（分）：

（1）按照文明规范服务监测制度（2）；

（2）按月通过现场巡检、调阅录像等方式自查（2）；

（3）按季评价（2）；

（4）按年总结（2）；

（5）及时整改（2）；

（6）记录完整（2）。

考评方法：查看年度工作计划、总结和整改情况等相关资料。

扣分点：（2）（3）（5）。

以往扣分情况如下：

（2）未按月进行现场巡检，或未通过调阅录像等方式开展自查；

（3）未按季度进行评价；

（5）未及时进行整改，或整改不到位。

温馨提示

　　按照文明规范服务监测制度，按月自查，按季评价，按年总结，及时整改、记录完整。在推进文明规范服务过程中，发现问题，"及时整改"是关键。另外，为了发现问题，改进提高网点服务水平，也可聘请第三方公司进行"神秘人"暗访，提出暗访监测报告，对监测报告中提出的问题进行有的放矢的改进提高。如下图所示。

131 指定人员每天对各区域进行服务巡检，记录完整。

标准示范：

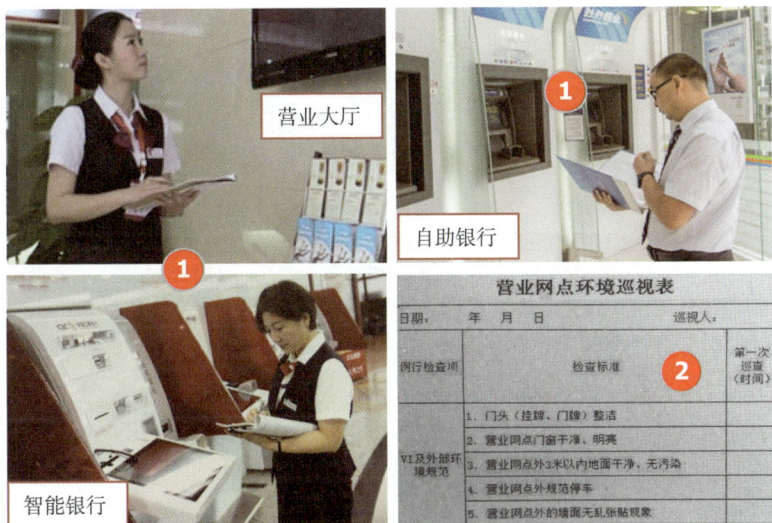

营业大厅

自助银行

智能银行

营业网点环境巡视表

分值： 6 分。

分值分布（分）：

（1）指定人员每天对各区域进行服务巡检（3）；

（2）记录完整（3）。

考评方法： 查看相关制度、当年巡检记录等。

扣分点： 无。

以往扣分情况如下：

无。此条在历次考评中未扣过分。

温馨提示

　　网点人员每天应对营业大厅、自助银行、智能（智慧）银行等区域进行1次服务巡检，巡检中发现的问题要及时解决，一时解决不了的问题应逐级上报，以求最终解决。巡视情况要记录完整，归档备案，也可通过电子文本记录存档。

132　网点完整保存上级行对其服务监测记录；及时落实整改上级行监测发现的问题，过程跟踪与落实结果记录完整、效果可鉴。

标准示范：

1. 上级行的服务监测记录　　2. 对监测的服务问题整改措施　　3. 整改结果评估报告

分值： 8分。

分值分布（分）：

（1）网点完整保存上级行对其服务监测记录（2）；

（2）及时落实整改上级行监测发现的问题（3）；

（3）过程跟踪与落实结果记录完整、效果可鉴（3）。

考评方法： 查看相关监测、整改、落实活动等记录。

扣分点：（2）（3）。

以往扣分情况如下：

（2）落实整改上级行监测发现的问题不及时；

（3）过程跟踪与落实结果记录不完整。

温馨提示

　　对于上级行每一次检查监测到的情况，网点都应完整保存下来；对发现的问题及时落实整改。过程跟踪与落实结果和效果应形成文字材料呈报上级行，争取上级行的支持，在后评估中争取好的结果。

133 按照客户投诉处理制度，明确投诉处理流程及处理时限。

标准示范：

西城区支行客户投诉处理制度

为了畅通客户投诉渠道，解决客户投诉问题，支行特建立客户投诉处理制度，请遵照执行。

第一条，关于客户投诉的界定。客户在我行办理业务过程中，因种种原因，对我行服务有意见或不满意的……

网点按银监发〔2012〕13号精神，投诉处理时限原则上不得超过十五个工作日。情况复杂或有特殊原因的，可以适当延长处理时限，但最长不得超过六十个工作日。

分值： 4分。

分值分布（分）：

（1）按照客户投诉处理制度（2）；

（2）明确投诉处理流程（1）；

（3）明确处理时限（1）。

考评方法： 查看客服制度、处理记录等。

扣分点：（3）。

以往扣分情况如下：

（3）投诉处理未遵守处理时限规定。本条标准重点考察客户投诉渠道是否畅通，投诉处理流程及处理时限是否明确。可查看客服制度和1个年度记录，发现1项不规范则扣减该细项分。

温馨提示

　　过硬的网点服务不怕监督，网点要按照客户投诉处理制度，使客户投诉渠道保持畅通。在网点显著位置公示投诉处理流程、处理时限、网点投诉联系人，并在显著位置摆放客服直拨电话。按《中国银监会关于完善银行业金融机构客户投诉处理机制 切实做好金融消费者保护工作的通知》（银监发〔2012〕13号）精神，投诉处理时限原则上不得超过十五个工作日。情况复杂或有特殊原因的，可以适当延长处理时限，但最长不得超过六十个工作日，并应当以短信、邮件、信函等方式告知客户延长时限及理由，最终要能解决问题，化解矛盾。

134 畅通客户投诉（意见）渠道，通过网点内明显位置设置中英文对照的客户意见簿、设置投诉电话等方式广泛收集客户意见。

标准示范：

营业厅明显位置设置便于客户使用的免拨直通客服电话，中英双语服务，设置中英文对照的客户意见簿，客户投诉（意见）渠道畅通

分值：6分。

分值分布（分）：

（1）畅通客户投诉（意见）渠道（2）；

（2）通过网点内明显位置设置中英文对照的客户意见簿（2）；

（3）设置投诉电话等方式广泛收集客户意见（2）。

考评方法：现场观察。

扣分点：（2）。

以往扣分情况如下：

（2）客户意见簿放在抽屉里，无中英文对照。

> ## 温馨提示
>
> 　　根据监管要求，银行网点应在营业厅内明显位置如大堂引导台、客户等候区等地方摆放中英文对照的客户意见簿，及时响应和处理客户的意见和建议。客户意见簿也可改名为"客户心声"或"客户留言簿"等中性一点的名字。同时还应设置供客户使用的免拨直通电话，并时刻保持畅通，避免电话广告。客户摘机等候时间一般不超过5秒钟，或三声之内要接通。免拨直通电话的音量适中、清晰。此外，在少数民族地区客户意见簿还可中文、英文及少数民族语言对照使用。如下图所示。

少数民族地区客户意见簿上汉语、蒙古语和英语文字对照

135 对客户意见簿上的意见24小时内响应，对留有电话信息的客户在规定时间内予以回复、回访。客户意见簿真实完整记录客户意见及

回复信息，页码连续、格式规范；按年保管，两年以内的意见簿可随时调阅。

标准示范：

您好，是赵女士吗？我是银行客户经理，您昨天下午在意见簿上提的建议，我们已经照办了，欢迎您下次来体验我们的服务……

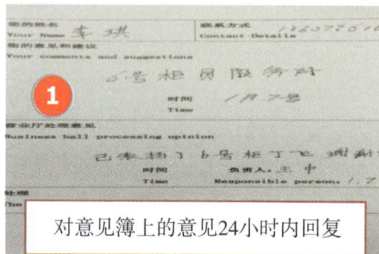

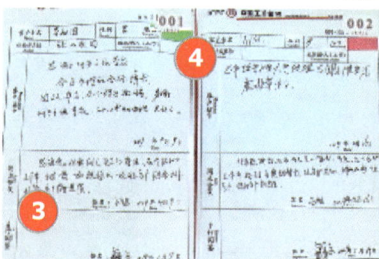

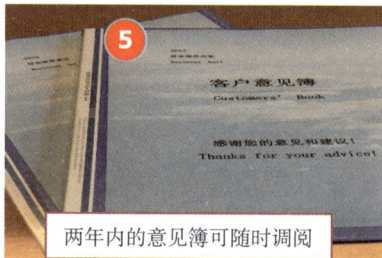

对意见簿上的意见24小时内回复

两年内的意见簿可随时调阅

分值： 7 分。

分值分布（分）：

（1）对客户意见簿上的意见 24 小时内响应（2）；

（2）对留有电话信息的客户在规定时间内予以回复、回访（2）；

（3）客户意见簿真实完整记录客户意见及回复信息（1）；

（4）页码连续、格式规范（1）；

（5）按年保管，两年以内的意见簿可随时调阅（1）。

考评方法： 查看两年客户意见簿。

扣分点：（1）（2）（4）。

以往扣分情况如下：

（1）客户在意见簿上提的意见和建议在 24 小时内未得到响应；

（2）对留有电话信息的客户未在规定时间内予以回复、回访；

（4）页码不连续，有短页现象。

温馨提示

　　对于客户在意见簿上提出的意见和建议，银行网点应在 24 小时内响应，并对留有电话信息的客户在规定时间内予以回复、回访，尽量避免投诉升级。对于投诉有可能升级的情况，还应进行家访，化解矛盾。客户意见簿一般摆放近两年的，客户意见簿应真实完整记录客户投诉及回复信息，页码连续、内容完整。千万别将有客户抱怨意见的页面撕掉，使页码不连续，或把意见擦掉。

136　　发生客户投诉时，按照投诉处理流程有效处理现场投诉。现场处理有困难的，给客户承诺明确的处理时限，如有需要及时向上级报告，并详细记录相关信息。

标准示范：

发生客户投诉时，大堂经理及时安抚客户，并引导客户至一个相对独立的空间，按照投诉处理流程有效处理现场投诉

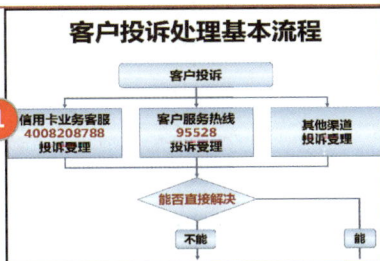

客户投诉处理基本流程

客户投诉

| 信用卡业务客服 4008208788 投诉受理 | 客户服务热线 95528 投诉受理 | 其他渠道 投诉受理 |

能否直接解决

不能　　　能

支行 2019 年现场投诉登记表

日期	投诉事件	处理投诉人员	处理时间	处理结果	回访	是否向上级行报告	备注
1月8日	ATM卡钱	安宁	1月8日	线已取出	已回访	否	
1月10日	ATM机吞卡	肖雨面	1月11日	卡已取出	已回访	否	承诺第二天取
1月16日	开银行卡未成	马武	1月16日	客户经理安抚已离开	已回访	是	非本人身份证
2月5日	异地汇款手续费	刘占奎	2月3日	经耐心解释客户理解	已回访	是	

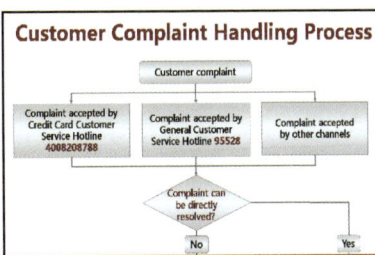

Customer Complaint Handling Process

Customer complaint

| Complaint accepted by Credit Card Customer Service Hotline 4008208788 | Complaint accepted by General Customer Service Hotline 95528 | Complaint accepted by other channels |

Complaint can be directly resolved?

No　　　Yes

表中详细记录了1月16日和2月5日向上级行报告的投诉处理事项

分值：7 分。

分值分布（分）：

（1）发生客户投诉时，按照投诉处理流程有效处理现场投诉（3）；

（2）现场处理有困难的，给客户承诺明确的处理时限（2）；

（3）如有需要及时向上级报告（1）；

（4）详细记录相关信息（1）。

考评方法：询问大堂服务人员，调阅制度、流程、记录和监控录像等。

扣分点：（1）（2）。

以往扣分情况如下：

（1）现场投诉处理不当，未及时引导客户至相对独立的空间，让客户在大厅申诉，影响大厅秩序及其他客户办理业务；

（2）现场处理有困难的，未给客户承诺明确的处理时限，以致客户连续投诉。

> **温馨提示**
>
> 　　银行网点发生客户投诉时，大堂服务人员应及时安抚并引导客户至相对独立的空间，耐心倾听客户诉说，与客户一起寻找共识，缩小问题点，联动同事解决问题，化解矛盾。若现场处理有困难，可以给客户承诺明确的处理时限；若问题较难解决，则应及时向上级报告，寻求上级行支持，共同解决问题。并详细记录相关信息备日后核查之用。

137 按年度分析客户意见和投诉反映出的各类问题，整改记录完整。

标准示范：

分值：4分。

分值分布（分）：

（1）按年度分析客户意见和投诉反映出的各类问题（2）；

（2）整改记录完整（2）。

考评方法：查阅客户满意度调查表和分析报告等。

扣分点：无。

以往扣分情况如下：

无。此条在历次考评中未扣过分。

> **温馨提示**
>
> 　　银行网点应按年度分析客户意见和投诉反映出的各类问题，可将客户意见梳理成册送产品研发、IT、渠道等部门作为创新依据。针对各类问题要拿出相应的整改措施，限时整改，相关整改信息记录完整。对客户的表扬与肯定也应整理汇总提供给相关考核部门作为考评依据，并长期坚持下去。各类问题可单独成册，也可与整改情况合并成册。还可将意见、问题和整改情况合为一个报告。

138　开展客户评价，定期进行客户满意度调查，征求客户意见、建议和需求，相关信息记录真实、完整，分析、反馈、报告及时。

　　标准示范：

根据客户满意度调查问卷和客服电话及柜面反馈意见，编写出以下两个报告，报相关部门决策参考

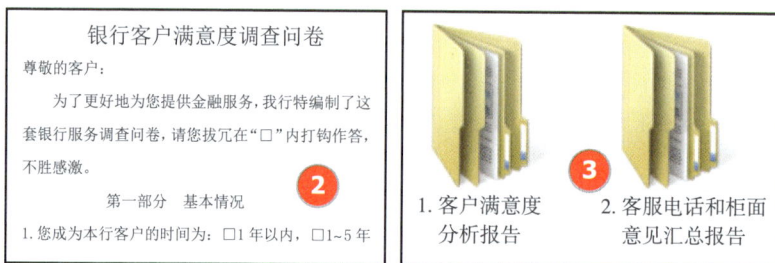

分值： 5 分。

分值分布（分）：

（1）开展客户评价，定期进行客户满意度调查，征求客户意见、建议和需求（1）；

（2）相关信息记录真实、完整（2）；

（3）分析、反馈、报告及时（2）。

考评方法： 查阅客户满意度调查表和分析报告等。

扣分点： （1）（3）。

以往扣分情况如下：

（1）未定期进行客户满意度调查，不知道客户在想什么和有什么需求；

（3）分析不够，反馈、报告不及时。

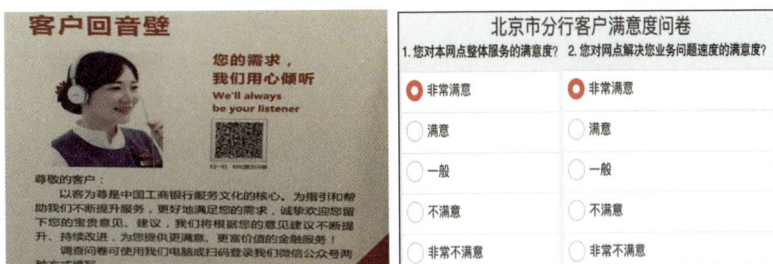
温馨提示

　　银行网点可通过问卷调查、客服电话、微信等形式开展客户评价、定期进行客户满意度调查，这项工作对做好服务和改进服务至关重要。要征求客户意见、建议和需求，做好详细记录。把得到的有用信息分析、反馈、报告给相关部门和上级决策层，以利于产品创新和改进服务。还可通过"客户回音壁"扫码进行线上问卷调查、业务咨询和余额查询等。如下图所示。

139 网点服务突发事件应急预案完备，信息报告渠道通畅高效。

标准示范：

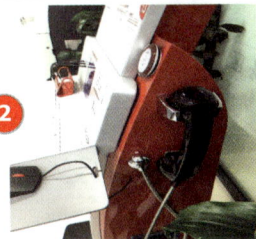

分值：4分。

分值分布（分）：

（1）网点服务突发事件应急预案完备（2）；

（2）信息报告渠道通畅高效（2）。

考评方法：调阅年度应急处理预案、相关记录等。

扣分点：（1）。

以往扣分情况如下：

（1）没有制订营业网点主要服务突发事件应急预案。

温馨提示

　　银行网点应做好上述标准示范中的6个应急预案，此外，还可做防盗窃应急预案、客户突发疾病应急预案、停电应急预案、自助银行突发事件应急预案等。处理突发事件应遵循的原则是：快速有效、及时报告、积极稳妥、保护客户和员工生命财产安全，系统内上下联动，系统外横向联动，保守银行和客户秘密。培训员工，让每一位员工都掌握服务突发事件应急处理流程，如遇突发事件要及时报告上级行，有效解决突发事件。

　　尤其2020年春节前在武汉爆发，蔓延全国的"新型冠状病毒肺炎"（COVID-19）疫情，传染性很强，危害十分严重，武汉等多个城市封城，省际公共交通停运。为了抗击疫情，从中央到地方，全国人民团结一心，共同打响了疫情防御战、阻击战。金融业积极抗击疫情，人民银行和银保监会等多部门联合发文（银发〔2020〕30号）指明金融机构属特殊行业，自2020年2月3日起正常上班。为应对疫情，各家银行迅速做出疫情防控应急预案，根据网点客流量和服务需求对网点开门营业时间进行错日调配，至少分成两批，第一批网点开门营业，第二批网点停业；反之，第二批网点开门营业，第一批网点停业。或者是网点开门营业，但人员按A班B班C班（1/3人）或A班B班（1/2人）倒班。这些都要求网点提前在门前显著位置对营业时间调整做公告。如下图所示。

公　告

尊敬的客户：

　　为做好疫情防控工作，根据北京市政府相关通知精神，本网点 2020 年 2 月 3 日至 9 日不对外营业。

　　2020 年 2 月 3 日至 9 日期间业务咨询及了解更多周边网点营业时间，请致电交通银行客户服务热线（95559）或通过交通银行手机银行"网点预约"模块办理预约服务。

　　特此公告

公　告

尊敬的客户：

　　我行（即北京银行总行营业部）对 2020 年 2 月 3 日至 9 日营业时间进行如下调整：

　　2 月 3～7 日　　9:00～16:00

　　2 月 8～9 日　　停业

　　临时调整期间，我支行 ATM 等自助机具照常运行，个人客户烦请前往我部对公营业大厅办理。

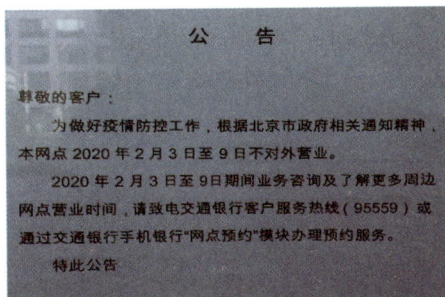

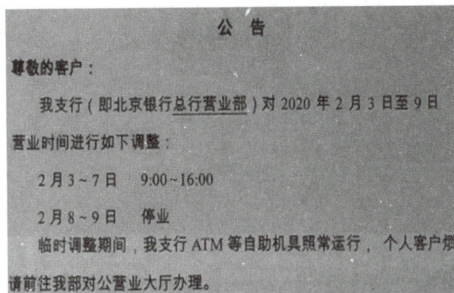

疫情肆虐，开门营业网点如何防范疫情？此轮新型冠状病毒传染途径主要是人的飞沫、直接接触与间接接触等。因此，突发疫情应急预案主要内容应包括：一是在网点门前、厅内各服务与等候区域、柜面、自助智能设备等处进行消毒处理，并视疫情情况合理掌握频率。二是所有商业银行的网上银行、手机银行、微信银行、电话银行、客服电话、自助银行 24 小时正常运营，提供金融服务；ATM 和柜台现钞须统一消毒后方可向外投放，回笼的现钞须消毒后送金库存放；网点还可利用公众教育平台（包括线上与宣传栏目）进行疫情防控知识宣传。三是客户进网点要戴口罩、实名登记，或者扫二维码线上登记个人身份信息，并通过枪式体温测量仪测量体温，一切符合要求且体温正常方可进入。同时，还可利用这些客户扫二维码获得的信息提供线上金融服务。四是尽量引导客户在自助机具上办理业务，减少人与人近距离接触。五是见面时只友好问候不握手，客户离开网点时不做握手告别，可进行点头示意、举手告别等，办理业务时互相保持一米左右距离。六是提供线上义诊综合服务和自助挂号问诊就医服务。七是上岗员工必须同时佩戴口罩、手套；实行轮班制，保持业务服务不间断。并且员工同样要通过体温测量，正常方可进入网点上岗。八是在门禁、电梯等公共接触的地方放置一次性纸巾，供客户及内部人员使用，避免人与公共按钮或把手等直接接触。如下图所示。

140 定期开展应急演练，相关文字、图片或影像记录完整。

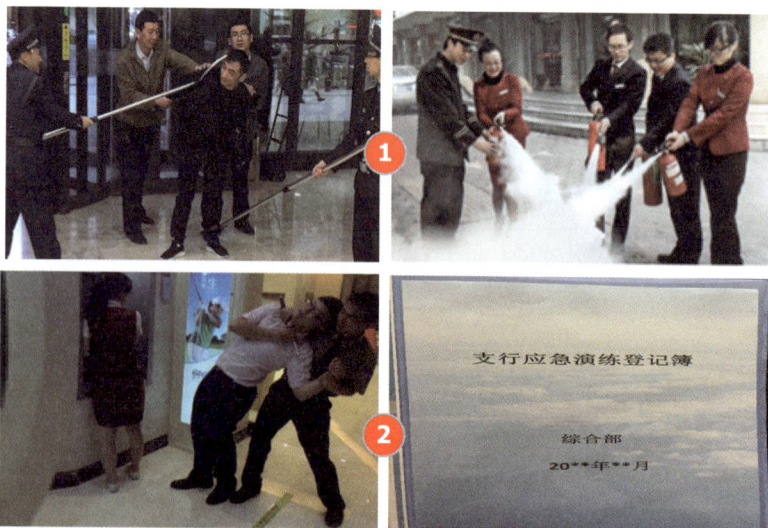

标准示范：

分值： 5 分。

分值分布（分）：

（1）定期开展应急演练（2）；

（2）有相关文字、图片或影像记录完整（3）。

考评方法：调阅年度应急处理预案、计划、制度、记录和监控录像，询问网点员工等。

扣分点：（1）（2）。

以往扣分情况如下：

（1）一年内网点未开展过应急演练，员工也未参加过任何形式的应急演练；

（2）没有应急演练的相关文字、图片或影像记录，或相关文字、图片或影像记录不详。

温馨提示

　　银行网点应针对多发、常发事件，依据应急预案定期开展应急演练，并做好相关文字、图片或影像资料记录。一旦真的发生突发事件才能临危不乱，应对自如。

141 员工熟知在突发事件应急预案中的角色定位和处理流程。如遇突发事件，按照相应应急预案及时进行处置，记录完整。

标准示范：

① 银行应急处理角色分工与流程

……

1. 柜员。在发生紧急情况下，柜员要沉着冷静。在地震发生时，生命安全第一，要与同事带领客户迅速逃生。在遇抢劫情况下，要在第一时间报非警110，并妥善保管好现金，冷静地与歹徒周旋，等待救援。在遇火灾情况下，第一时间报告火警119，并将空白

营业网点突发事件登记簿

北京市分行

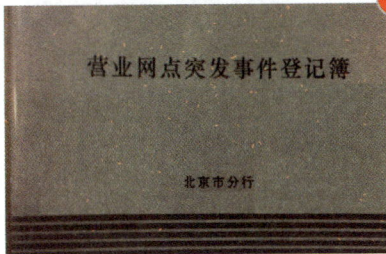

② 2020年营业室突发事件处置记录

序号	时间	事件	处置情况
1	1月2日	2人酗酒闹事	保安制服
2	1月4日	网络故障	技术员修复
3			
4			

分值：6分。

分值分布（分）：

（1）员工熟知在突发事件应急预案中的角色定位和处理流程（3）；

（2）如遇突发事件，按照相应应急预案及时进行处置，记录完整（3）。

考评方法：调阅年度应急处理预案、计划、制度、记录和监控录像等。

扣分点：（2）。

以往扣分情况如下：

（2）遇到突发事件，网点人员慌张、忙乱，处置不当。

> **温馨提示**
>
> 　　银行网点如遇突发事件，应按照已准备好的应急预案及时处理，同时做好记录，将文字材料和影像资料形成报告呈报上级行。报告内容主要包括：事件发生地点、时间、人员、人数、原因、性质、涉及金额等，以及事件造成的主要危害、客户反应、事态发展趋势和采取的应对措施等。网点应组织员工学习在突发事件应急预案中各个岗位员工的角色定位和处理流程，员工应熟知在突发事件应急预案中自己的角色定位和处理流程，一旦真的发生突发事件自己才能沉着应对。如下图所示。

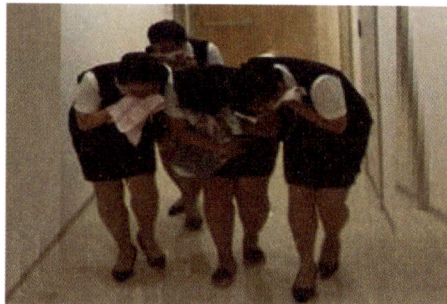

突发事件若处理不当会给网点带来很大的声誉风险。例如，2019年11月，某网点的柜台上中英文双语标牌中英文字母写错了，被一位客户

发现并传到网上。结果，网点派几名员工晚上追到这位客户家里请客户删除帖子。客户不悦便将此事又发到网上了，搞得网点很被动。正确的处理方法之一：一是网点立即在客户所发网站发个道歉信；二是先电话联系上客户并向这位客户致谢，随后当面向客户表示感谢；三是聘请这位客户为网点服务监督员，并建立长期的友好关系，日后若再发现什么问题请这位客户直接向网点联系人反映。这样可顺利化解声誉风险。

142 定期组织开展服务评比、表彰、总结，有相关文字、图片或影像记录。

标准示范：

让历史见证我们的优秀

关于表彰优质服务"先进"
集体和个人的决定

各支行、部室：

　　为了提升服务水平和服务质量，分行在全辖范围内开展了优质服务大评比活动，涌现出了大批先进集体和先进个人，为鼓励先进，分行决定先进集体和先进个人进行表彰

分值： 6 分。

分值分布（分）：

（1）定期组织开展服务评比（1）、表彰（1）、总结（1）；

（2）有相关文字、图片或影像记录（3）。

考评方法： 查看相关评比、表彰、总结资料。

扣分点： （1）。

以往扣分情况如下：

（1）一年也未组织开展过一次服务评比、表彰活动。

> **温馨提示**
>
> 　　银行网点应定期组织开展各种技能比武、知识竞赛、优质服务等评比表彰活动，锻炼队伍，激励员工，点燃员工内心深处的激情，增加员工的成就感。并就先进事迹好好进行总结、推广，发挥先进典型的示范作用。相关文字、图片或影像记录保存好，逐年建档存放，积累良好的服务文化。

143　创建百佳、千佳单位及星级网点等文明规范服务工作，以及消费者权益保护工作纳入系统综合经营绩效考核评价体系，配以合理考核权重及激励机制，且本网点在系统内服务考评排名前列。

标准示范：

时　间	支行列市辖名次	备　注
2018年第二季度	1	
2018年第三季度	1	
2018年第四季度	2	
2019年第一季度	3	
2019年第二季度	2	
2019年第三季度	1	
2019年第四季度	1	

分值：15分。

分值分布（分）：

（1）创建百佳（3）；

（2）千佳示范单位（3）；

（3）星级网点等文明规范服务工作（2）；

（4）消费者权益保护工作纳入系统综合经营绩效考核评价体系（3）；

（5）配以合理考核权重及激励机制（2）；

（6）本网点在系统内服务考评位居前列（2）。

考评方法：相关绩效考核制度、记录和上级行相关文件等。

扣分点：（4）。

以往扣分情况如下：

（4）消费者权益保护工作未纳入系统综合经营绩效考核评价体系。

温馨提示

　　创建百佳、千佳单位及星级网点等文明规范服务工作，以及消费者权益保护工作一定要纳入系统综合经营绩效考核评价体系，并建立相应的激励机制。这是创建工作和全面提升服务水平的核心，或叫"发动机"。网点开展此项工作的积极性与热情系于此，这也是关系到网点能否持续改进服务和持续提升竞争力的关键因素。因此，此条占据了15分的高分值。网点建立健全了激励机制还不够，关键是行领导要高度重视，班子成员齐心协力共同推进，要激发出员工的潜能，调动员工的工作主动性与积极性，开心、安心地工作，充分发挥出员工工作的主观能动性。这些方面是否做到了，从员工的精神面貌上就能体现出来，从员工的眼神中就能看得出来。为此，不少分支机构都是党委书记、行长亲自抓创建。如下图所示。

党委书记挂帅搞创建 党委成员分工抓创建

本模块由服务文化建设和员工关爱两部分组成，共 11 条。拟通过以人为本的员工关爱，点燃员工内心深处的激情，激发员工生产力，为客户提供文明规范优质高效的服务。着力引导网点解决向心力、凝聚力、团队精神，以及发展的平衡性与价值取向问题。本模块共 60 分，各部分分值详见下表。

服务文化（60 分）	
7.1 服务文化建设	30 分
7.2 员工关爱	30 分

7.1　服务文化建设

主要标准与分值

服务文化建设（30 分）		
144	充分发挥基层党组织、党员的先进作用，引领经营发展，树立优秀楷模，培育服务文化，确保各项党建工作顺利开展。	7
145	员工熟知、自觉践行并向客户宣导本行服务理念，探索并形成个性化、特色化服务。	6
146	开展形式多样的服务文化主题活动，树立先进服务典型，传播先进服务事迹。	5
147	在网点设置服务文化墙，宣传本行服务文化理念、优秀员工、主题活动、员工心声等内容，营造良好的服务文化氛围。	6
148	做好服务文化传承，积极开展服务创新实践活动，定期总结服务经验，向上级行提出服务改进建议。	6

144 充分发挥基层党组织、党员的先进作用，引领经营发展，树立优秀楷模，培育服务文化，确保各项党建工作顺利开展。

标准示范：

党员挂牌服务，充分发挥基层党组织、党员的引领作用

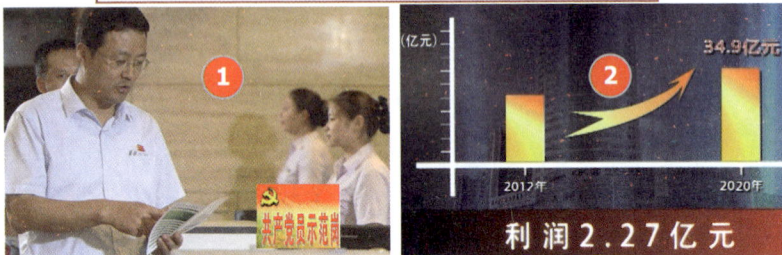

网点培养了先进党员、全国明星大堂经理等模范人物，树立优秀楷模

分值： 7分。

分值分布（分）：

（1）充分发挥基层党组织、党员的先进作用（1）；

（2）引领经营发展（2）；

（3）树立优秀楷模（2）；

（4）培育服务文化，确保各项党建工作顺利开展（2）。

考评方法： 查看相关制度、流程、记录等。

扣分点：（4）。

以往扣分情况如下：

（4）服务文化培育不力。

温馨提示

　　银行网点建设应发挥党建作用，抓党建、促发展。一是充分发挥基层党组织的战斗堡垒作用，做好思想发动和动员工作，团结和带领广大党员和群众员工开拓进取。二是充分发挥共产党员模范带头作用，挂牌服务，亮明身份服务，明明白白服务，身体力行地感召和带动员工做好业务、做好服务，并以此为核心，培育符合本行实际的服务文化。为方便员工学习党建知识，网点可以建设有声党建图书馆，只需用手机扫一下二维码，员工便可在手机上听有声的党建知识讲解。如下图所示。

145　员工熟知、自觉践行并向客户宣导本行服务理念，探索并形成个性化、特色化服务。

标准示范：

支行"以人为本"，崇尚中国传统文化之精髓，把"礼、义、仁、智、信"作为支行服务文化的核心，贯穿银行服务各条线、各专业，以及每一位员工。

"今天您微笑了吗？""今天您帮助别人了吗？"，员工熟知"礼、义、仁、智、信"服务文化，可以通过微笑传递出来，并自觉践行，感染客户。

分值： 6分。

分值分布（分）：

（1）员工熟知、自觉践行并向客户宣导本行服务理念（2）；

（2）探索并形成个性化、特色化服务（4）。

考评方法： 查看相关制度、流程、记录，询问员工等。

扣分点： 无。

以往扣分情况如下：

无。此条在历次考评中未扣过分。

温馨提示

　　银行网点应培育符合本行实际的服务文化和价值观，形成统一的具有自身特色的服务理念，员工认可，能做到熟知和自觉践行，并向广大客户宣导本行服务理念。而文化又可体现出各行的特色，网点要秉承好本行特色文化，并发扬光大。

146 开展形式多样的服务文化主题活动，树立先进服务典型，传播先进服务事迹。

标准示范：

分值：5分。

分值分布（分）：

（1）开展形式多样的服务文化主题活动（2）；

（2）树立先进服务典型（2）；

（3）传播先进服务事迹（1）。

考评方法：查阅服务文化工作方案、年度工作计划、各种文化活动记录等。

扣分点：（1）（3）。

以往扣分情况如下：

（1）未开展丰富多彩的服务文化主题活动；

（3）传播先进服务事迹不够。

温馨提示

　　银行网点应按照有关要求制订本单位服务文化工作方案，并纳入本单位年度工作计划；开展丰富多彩的服务文化主题活动、评优和表彰活动，树立先进服务典型，传播先进服务事迹，并做好各种资料的积累。榜样的力量是无穷的，中国银行业协会和各地方银行业协会所开展的百佳、千佳及星级网点颁奖典礼与激励，各行自己举办的颁奖典礼与激励等一直是鼓舞银行网点员工改进服务的动力。如下图所示。

147 　在网点设置服务文化墙，宣传本行服务文化理念、优秀员工、主题活动、员工心声等内容，营造良好的服务文化氛围。

标准示范：

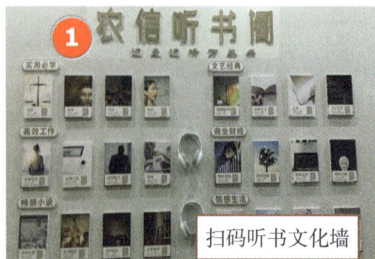
扫码听书文化墙

分值：6分。

分值分布（分）：

（1）在网点设置服务文化墙（2）；

（2）宣传本行服务文化理念（0.5）；

（3）宣传优秀员工（0.5）；

（4）宣传主题活动（0.5）；

（5）员工心声等内容（0.5）；

（6）营造良好的服务文化氛围（2）。

考评方法：现场观察，查阅服务文化建设资料、活动记录等。

扣分点：（1）（2）（6）。

以往扣分情况如下：

（1）网点没有设置服务文化墙，或服务文化墙设置得十分简单；

（2）宣传本行服务文化理念不到位；

（6）良好的服务文化氛围未形成。

> **温馨提示**
>
> 　　银行网点可在内部办公区，或员工休息区，或内部办公走廊通道等设置服务文化墙，宣传本行服务文化理念；表扬优秀员工（如服务营销冠军、服务明星、创新明星、明星大堂经理、优秀客户经理、优秀理财经理、优秀柜员等），展现主题活动，展示客户留言，吐露员工心声等。充分展现员工风采、精神风貌，积极营造良好的服务文化氛围。服务文化墙的设置因行而异，因网点而异。要突出员工所参与的文化，甚至连会议室、餐厅的走廊墙都可以利用起来。如下图所示。

148　做好服务文化传承，积极开展服务创新实践活动，定期总结服务经验，向上级行提出服务改进建议。

标准示范：

 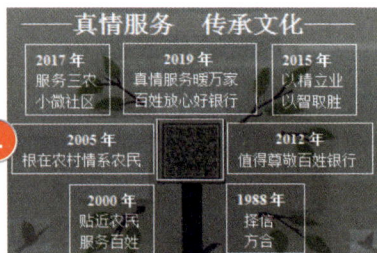

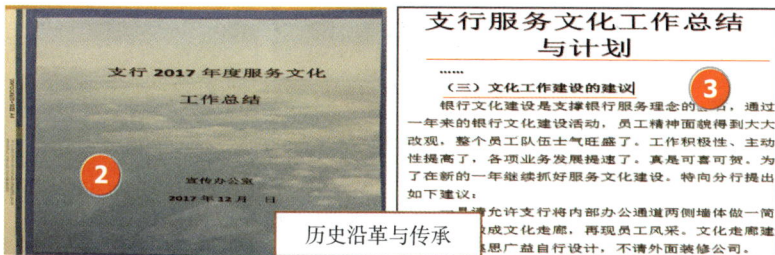

支行服务文化工作总结与计划

历史沿革与传承

分值：6分。

分值分布（分）：

(1) 做好服务文化传承，积极开展服务创新实践活动（2）；

(2) 定期总结服务经验（2）；

(3) 向上级行提出服务改进建议（2）。

考评方法：查看相关总结、计划、制度、记录等。

扣分点：(1)(3)。

以往扣分情况如下：

(1) 不知如何做服务文化传承；

(3) 未向上级行提出服务改进建议。

温馨提示

银行网点应通过多种形式，积极开展服务文化活动，突出员工参与，让员工获得成就感；创新活动方式及内容，行内与行外结合，"请进来"与"走出去"结合，线上与线下结合，微信短信与互动参与结合，聚集人气、鼓起士气、拼出名气；定期对服务文化培育情况进行总结和提炼，向上级行提出服务文化创新建议，做好服务文化积累与传承工作。网点服务文化积累与传承形式可以多样化，例如，将网点发展轨迹、人员变化、价值贡献、业务机具、办公用品、业务凭证等陈列起来，搞金融物件、史料展览等。网点历史文化的积累有助于员工良好价值观的形成，尤其对本行倡导的价值观的认可，能增加员工的自信心与自豪感。这项工作最好让员工参与进来，如提供展件（标明其所有权归员工本人）、编写文字介绍、布置展室等，增加员工的成就感。如下图所示。

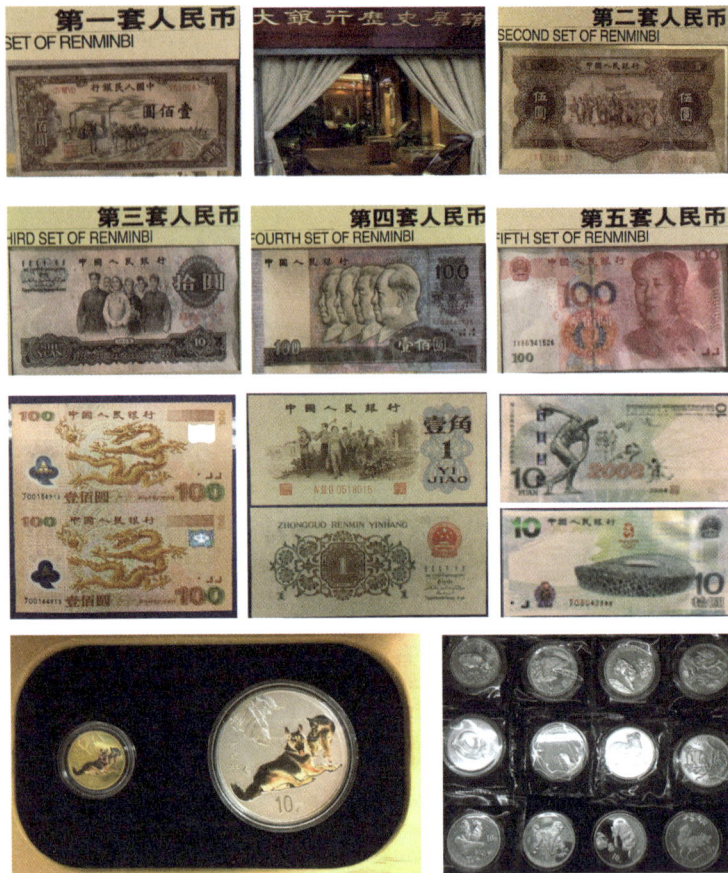

7.2 员工关爱

主要标准与分值

	员工关爱（30分）	
149	遵守劳动法规，不随意延长员工工作时间，确需延长劳动时间的，按规定给予调休或支付加班工资。	5
150	实施员工轮休及带薪休假制度，保护员工休息、休假权利。	5
151	员工桌椅、柜台等工作设施及环境突出人性化，并提供更衣、化妆、休息、就餐、活动等设施。	8

续表

	员工关爱（30分）	
152	以人为本，注重人才队伍培养，有优秀员工奖励与晋升通道，职业环境良好。	5
153	注重员工关爱，保护员工身心健康，定期开展情绪管理、减压训练、沟通技巧等辅导，记录完整。	4
154	团队氛围积极向上，积极开展团队建设活动，记录完整。	3

149 遵守劳动法规，不随意延长员工工作时间，确需延长劳动时间的，按规定给予调休或支付加班工资。

标准示范：

分值： 5分。

分值分布（分）：

（1）遵守劳动法规（1）；

（2）不随意延长员工工作时间（2）；

（3）确需延长劳动时间的，按规定给予调休或支付加班工资（2）。

考评方法： 询问员工，调阅考勤制度、加班记录和监控录像。

扣分点：（2）（3）。

以往扣分情况如下：

（2）随意延长员工工作时间；

（3）延长劳动时间后未按规定给予调休或支付加班工资。

温馨提示

　　银行网点应遵守劳动法规，不随意延长员工工作时间。确需延长劳动时间的，须按规定支付加班工资，或通过补休方式补偿员工。这一方面体现了按劳分配的原则，另一方面是以人为本对员工合法权益的保护，是关心员工、爱护员工、激励员工工作激情的一个路径。

150 实施员工轮休及带薪休假制度，保护员工休息、休假权利。

标准示范：

营业室员工轮休制度

　　为遵循劳动法的规定，维护员工工作和休息正常化，保证员工每周轮流休息两天，按照《劳动法》及上级行的有关规定并结合本网点实际经营工作开展情况，特制定《营业室员工轮休制度》，请全体员工遵照执行。

　　一、目的：保证网点员工每周休假两天（未加算国家法定节假日）。

　　二、适用范围：以网点（在周六、周日其中一天或两天均开门营业的网点）轮班员工为实施对象。

银行员工带薪年假管理暂行办法

　　第一条　为保障员工身心健康，根据国务院《职工带薪年假条例》（国务院令第514号，以下简称《条例》），结合我行实际，制定本办法。

　　第二条　各单位要按照《条例》规定，统筹安排好员工的年休假，尤其要采取多种措施妥善安排好营业网点员工的年休假。

　　第三条　各单位人力资源部门每年底之前要将员工下年应休天数书面通知各部门（营业机构，下同），各部门负责人根据工

分值： 5分。

分值分布（分）：

（1）实施员工轮休及带薪休假制度（3）；

（2）保护员工休息、休假权利（2）。

考评方法： 调阅员工休假制度、休假记录等。

扣分点： 无。

以往扣分情况如下：

无。此条在历次考评中未扣过分。

温馨提示

　　员工带薪休假是国家法令规定的，体现了国家的关爱，是国家赋予员工的一项权（福）利，也是各个层级人员的需要。银行网点应执行和实施好员工带薪休假制度及轮休制度，保护员工休息、休假权利，这是网点关爱、关心员工的具体体现。重要岗位推行 A B 角，确保员工休息、休假权利。通过休年假一是可以放松心境、减轻工作压力、去除疲劳；二是通过休年假可以使自己很快恢复活力，以饱满的精神重新投入工作；三是可以通过阅读、旅游等增长知识，丰富经历，见多识广。在营销拜访客户时能找到共同话题，或通过自己的见闻给客户提出好的建议，进一步融洽与客户的关系。

　　关于轮休及带薪休假也应休出低成本、高品位来。本人加入了 DreamTrips 梦幻之旅——世界顶级旅游俱乐部，每年利用轮休及带薪休假的机会带着家人或约上几位同事朋友，采用 DreamTrips 梦幻之旅套餐，以低廉的价格享受世界各地和中国国内高品位的旅游项目，有三种以上的语言管家服务，可以深度体验当地文化，包括美食、摄影、国际体育赛事、亲子乐园等五十多种主题套餐（居住高品位酒店，没有强制购物，一个会员可供七人享用，老人不限制年龄）。一些顶级自然景观值得在辛勤工作之余去走一走、看一看，实地体验、开阔眼界、增长知识、丰富旅历、放飞梦想，让身心都得到放松。旅游休假结束后，带着美好的心境和燃烧的激情又投入到火热的工作中。如下图所示。

151 员工桌椅、柜台等工作设施及环境突出人性化，并提供更衣、化妆、休息、就餐、活动等设施。

标准示范：

> 员工桌子高度合适，摆放位置合理；椅子可多角度转动。柜台高度有利于行举手礼，柜面宽度有利于内部作业。凸显人性化。

分值：8 分。

分值分布（分）：

（1）员工桌椅、柜台等工作设施及环境突出人性化（3）；

（2）提供更衣（1）；

（3）化妆（1）；

（4）休息（1）；

（5）就餐（1）；

（6）活动（1）等设施。

考评方法：现场观察。

扣分点：（1）（2）（3）。

以往扣分情况如下：

（1）员工桌子高低宽窄不合适，椅子坐着不舒适，柜台及工作设施摆放不合理；

（2）未配置更衣间；

（3）未配置化妆间。

温馨提示

　　银行网点员工椅子坐着要舒适，尤其是靠背的仰角及垫腰也要符合人的脊柱曲线走向，这样员工坐着才不累。否则，员工坐在一个较劲的椅子上8个小时班下来会腰酸腿疼。桌子高低、宽窄应合适，柜台及工作设施摆放合理。应配置更衣（男女分开）、化妆（男女分开）、休息（男女分开）、就餐、活动等功能区域。凸显以人为本的理念。如在中后台员工卡座巧妙设计"抽屉床"，打开时是齐肩宽的简易折叠床，合上是柜子。让员工中午能小憩一会儿，下午能精神抖擞地工作。如下左图所示。还可将卡座边待客用椅设计为长皮橙子，待客与午休两用。如下右图所示。

152 以人为本，注重人才队伍培养，有优秀员工奖励与晋升通道，职业环境良好。

标准示范：

支行人才培养规划

　　为了具体体现"以人为本"的管理思想，培养和造就更多优秀人才，拓宽人才成长渠道，创新人才管理模式，促进各项业务快速发展，特制定本人才培养规划。

　　1. 加强考核与激励制度建设。年中和年末员工考评坚持客观、公平、公正的原则，奖励先进，帮扶递进，鞭策后进。为优秀员工打开晋升通道。**①**

　　2. 鼓励岗位竞争。鼓励员工参与行业

公开选拔干部 **②**

传帮带

学习提升 ③

分值：5分。

分值分布（分）：

（1）以人为本，注重人才队伍培养（2）；

（2）有优秀员工奖励与晋升通道（2）；

（3）职业环境良好（1）。

考评方法：调阅员工培养计划、总结，以及有关激励制度、员工成长规划等资料。

扣分点：（1）（2）。

以往扣分情况如下：

（1）关爱员工不够，不重视人才培养；

（2）员工激励机制建设与员工的职业生涯规划缺失，即使建立了相关制度与机制，但落实不到位。

> **温馨提示**
>
> 　　一个优秀的网点应该做到以人为本，关心、关爱员工，注重员工培养与人才队伍建设。一方面，通过传、帮、带、学、钻，鼓励和促进员工岗位成才，这是人才培养规划的重要组成部分。同时要鼓励员工参与本行系统和行业的服务比拼、技术比武、知识竞赛等，不断提升服务水平与工作能力，对能够提供优质服务的员工和在各种业务竞赛中获得优异成绩者给予奖励，并使其优先获得分行培训和晋升推荐机会等。另一方面，建立清晰的员工职业发展晋升通道，员工学习钻研、积极向上、风貌良好，对组织和个人前景充满希望，这是网点充满活力与竞争力的核心，是不容易复制的，也是对网点业务发展十分有用的机制与氛围。

153　注重员工关爱，保护员工身心健康，定期开展情绪管理、减压训练、沟通技巧等辅导，记录完整。

标准示范：

时刻关爱员工。多角度了解员工心声、关心员工健康、关注员工发展

营业结束过生日

开发区支行员工健康知识讲座

情绪管理

沟通技巧培训

一支行营业室积极参加提升有效沟通方法培训活动

为进一步提升员工语言沟通技巧，努力提升服务管理的"质量"与"效益"全面提升，2017年10月28日，一支行邀请专家开展"九型人格与高效沟通"的培训课程，旨在提升与上级、客户、同级沟通的技巧，一支行营业室全体员工积极参与，参与率达100%。

该培训以理论和实际相结合的方法，从九型人格的概述、九型人格的特征、利用九型人格快速识人和高效沟通四个方面生动地为员工

一支行营业室开展员工情绪管理培训

为缓解员工压力，调节员工情绪，一支行营业室于6月上旬组织开展员工压力、情绪管理及沟通技巧系列培训。本次培训活动的目的是使员工找到正确的减压方式及与客户的沟通技巧，提升沟通效率，提高客户满意度。

培训首先讲解了员工减压方法和沟通技巧，讲师就压力反应的心理机制分析、消减身心压力十大技巧、压力对身心健康及工作业绩的交互作用详细说明，并由员工自己就减压经验进行讨论交流。第二项内容为情绪管理培训，内容主要有转换抱怨情绪为正向创造力、情绪的钟摆效应、超越抱怨等。

这次培训过后，现行员工对于培训的内容都表示很满意，压力应对、减压技巧及压力与业绩的交互等相关知识的讲授让人受益匪浅。

分值： 4 分。

分值分布（分）：

（1）注重员工关爱，保护员工身心健康（0.5）；

（2）定期开展情绪管理（0.5）；

（3）减压训练（0.5）；

（4）沟通技巧等辅导（0.5）；

（5）记录完整（2）。

考评方法：与员工交谈，调阅相关训练计划、活动影像、记录等。

扣分点：（2）（3）（4）。

以往扣分情况如下：

（2）未组织员工开展情绪管理；

（3）未组织员工开展减压训练；

（4）未组织员工开展沟通技巧培训。

温馨提示

　　银行网点负责人应关心员工、了解员工，开展健康有益的活动，保护员工身心健康。根据需要不定期开展员工情绪管理、减压训练、沟通技巧辅导与拓展训练等，并留下各种培训与训练的影像资料和各种辅助记录，专夹妥善保存。在缓解员工情绪方面有多种多样的方法，如在员工减压室配备"芬芳柜"，在各个抽屉里分别放置玫瑰、郁金香、紫罗兰、佛手桔等不同的香瓶，可以让员工调节心情。如下图所示。

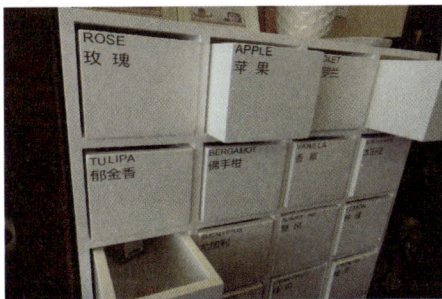

154 团队氛围积极向上，积极开展团队建设活动，记录完整。

标准示范：

一支行营业室融E跑团参加第五届清远
马拉松比赛

为倡导健康的生活，大力营造"跑步引领，塑造体魄，磨砺意志，倡导健康"的企业文化氛围，2019年3月17日，一支行营业室组织跑团成员前往广东省清远市参加第五届清远国际马拉松比赛。

本次赛事营业室融e跑团共有35名员工参加，其中一部分员工已连续参加四年，他们从清远市体育馆起步，在凤城跑出了一道热情洋溢的亮丽风景线。

分值： 3分。

分值分布（分）：

（1）团队氛围积极向上（1）；

（2）积极开展团队建设活动（1）；

（3）记录完整（1）。

考评方法： 调阅相关活动记录。

扣分点： 无。

以往扣分情况如下：

无。此条在历次考评中未扣过分。

温馨提示

　　银行网点每年都要结合党团工会工作计划，定期开展积极向上、健康有益的活动，如书法、文艺、品鉴、才艺、体育等。开展团队建设，凝聚人心，鼓舞士气，培育优良的团队精神。手拉手，心连心，心往一处想，劲往一处使，形成合力。如下图所示。

本模块由业务规模、主要业务经营指标、业务分流率、税后利润和资产质量5条具体标准组成。主旨是引导网点把文明规范服务与价值创造紧密结合起来，表明网点的社会效益和经济效益是优质文明规范服务的结果。本模块共30分，各条分值详见下表。

主要标准与分值

经营业绩（30分）		
155	连续两年网点业务规模（对公及对私存款日均余额、对公及对私客户数量）、重要产品营销能力（至少两种），在上一级管辖行系统内排名前列。	6
156	连续两年完成上级行下达的存款（对公、对私）、贷款（对公、对私）、中间业务收入、营业收入、净利润等主要业务经营指标。	12
157	连续两年电子银行总体业务分流率达到80%以上。	4
158	连续两年年人均综合经营税后利润达到50万元以上。	4
159	连续两年年度不良贷款率及不良贷款余额控制在上级行要求的指标内。	4

155 连续两年网点业务规模（对公及对私存款日均余额、对公及对私客户数量）、重要产品营销能力（至少两种），在上一级管辖行系统内排名前列。

标准示范：

支行 2018－2019 年
经营业绩

2020 年 1 月 13 日　（公章）

项　　目		2018年	排名	2019年	排名
业务规模（亿元）	对公存款日均	7.51	1	10.76	1
	对公存款余额	7.95	3	11.38	1
	储蓄存款日均	5.61	3	8.11	2
	储蓄存款余额	6.16	4	7.98	3
客户数量（户）		3300	5	4812	3
销售收入（万元）	基金	126	1	150	1
	贵金属	58	3	83	1
	保险	33	3	52	2
	理财产品	290	3	350	1
VIP 客户保有率（%）		101%	5	101%	3
VIP 客户增长率（%）		31%	4	33%	2

① 连续两年网点业务规模排名前列

② 两种重要产品营销能力排名前列

分值：6 分。

分值分布（分）：

（1）连续两年网点业务规模（对公及对私存款日均余额、对公及对私客户数量）在上一级管辖行系统内排名前列（4）；

（2）重要产品营销能力（至少两种）（2）在上一级管辖行系统内排名前列。

考评方法：查阅两个年度的损益表及相关业务报表。

扣分点：（1）（2）。

以往扣分情况如下：

（1）连续两年网点业务规模（对公及对私存款日均余额、对公及对私客户数量）在上一级管辖行系统内发展速度减缓或排名下滑；

（2）重要产品营销能力（至少两种）在上一级管辖行系统内排名下降。

> **温馨提示**
>
> 　　品牌网点的打造是一个长期的过程。若是申报百佳、千佳，势必要进行一番星级网点的锤炼，抓服务，促发展，一定要把业务规模、产品营销能力做上去。连续两年业务规模（对公及对私存款日均余额、对公及对私客户数量）、重要产品营销能力（基金、贵金属、保险、理财产品的销售收入、VIP 客户保有率及增长率）（至少两种）在上一级管辖行系统内一定要排名前列。

156 连续两年完成上级行下达的存款（对公、对私）、贷款（对公、对私）、中间业务收入、营业收入、净利润等主要业务经营指标。

标准示范：

支行 2018－2019 年 经营指标

2020 年 1 月 13 日　（公章）

时间		2018 年			2019 年		
项目		任务数	完成数	完成率（%）	任务数	完成数	完成率
存款（亿元）	对公存款余额	179.04	201.01	112.27	181.29	210.21	115.95
	储蓄存款余额	45.45	50.10	110.23	60.10	70.88	117.94
贷款（亿元）	对公贷款余额	155.89	185.65	119.09	162.03	190.11	117.33
	对私贷款余额	22.64	30.23	133.52	41.16	50.02	121.53
中间业务收入（亿元）		1.60	2.30	143.75	2.21	2.70	122.17
业务收入（亿元）		13.83	16.51	119.38	15.18	18.05	118.90
利润（亿元）		5.13	6.10	118.91	5.79	6.80	117.44

左侧标注：
① 连续两年完成上级行下达的年度存款业务经营指标
② 连续两年完成上级行下达的年度资产业务经营指标

右侧标注：
③ 完成中间业务收入指标
④ 完成业务收入指标
⑤ 完成利润指标

分值：12 分。

分值分布（分）：

（1）连续两年完成上级行下达的存款（对公、对私）业务经营指标（3）；

（2）完成贷款（对公、对私）业务经营指标（3）；

（3）完成中间业务收入业务经营指标（2）；

（4）完成营业收入业务经营指标（2）；

（5）完成净利润业务经营指标（2）。

考评方法：查阅两个年度的损益表及相关业务报表。

扣分点：（1）（3）（5）。

以往扣分情况如下：

（1）未连续两年完成上级行下达的存款（对公、对私）业务经营指标；

（3）未完成中间业务收入指标；

（5）未完成净利润指标。

温馨提示

本条标准在银行业营业网点文明规范服务评价指标体系中的分值较高，达到了12分，可见其在整个考评体系中的重要程度。因此，银行网点不应在此条丢分，一定要通过抓服务，拓市场，增业务，争取连续两年完成上级行下达的年度存款（对公、对私）、贷款（对公、对私）、中间业务收入、营业收入、净利润等主要业务经营指标。这也是银行网点立足的基础。

157 连续两年电子银行总体业务分流率达到80%以上。

标准示范：

支行 2018－2019 年
业务分流率指标

2020 年 1 月 9 日 （公章）

时间	2018年			2019年		
项目 与机构	网银 笔数	柜台 笔数	替代率	网银 笔数	柜台 笔数	替代率
支行	600860	60516	90.85%	861860	85625	90.96%
其他网点	—	—	—	—	—	—

连续两年电子银行总体业务分流率超过80%，分别为90.85%和90.96%

①

分值： 4 分。

分值分布（分）：

（1）连续两年电子银行总体业务分流率达到80%以上（4）。

考评方法： 调阅电子银行报表。

扣分点： 无

以往扣分情况如下：

无。此条在历次考评中未扣过分。

> **温馨提示**
>
> 　　银行网点应持续不断地加大电子化改造力度，优化服务渠道，提高服务效率，进而提升客户满意度和忠诚度。对于大型国有商业银行、股份制银行和一线城市的城商行来说，80%的电子银行分流率并不高。有的股份制银行已达到94%。网点的电子化、智能化水平是决定其业务科技含量的重要指标，业务科技含量越高，意味着每一笔业务的成本越低；反之，每一笔业务的成本越高。

158 连续两年年人均综合经营税后利润达到 50 万元以上。

标准示范：

支行 2018－2019 年
人均利润表

2020 年 1 月 9 日（公章）

时间 项目	2018 年			2019 年			连续两年人均利润超过50万元，达600万元以上
	利润额（万元）	员工数（人）	人均利润（万元）	利润额（万元）	员工数（人）	人均利润（万元）	
支行	62000	97	639.18	70000	98	714.28	
其他网点	－	－	－	－	－	－	
	－	－	－	－	－	－	

分值： 4 分。

分值分布（分）：

（1）连续两年年人均综合经营税后利润达到 50 万元以上（4）。

考评方法： 查阅两个年度的财务报表。

扣分点：（1）。

以往扣分情况如下：

（1）未连续两年年人均综合经营税后利润达到 50 万元以上。

温馨提示

只有连续两年年人均综合经营税后利润达到 50 万元以上，网点才算走上了正轨。网点盈利是生存法则，开展文明规范服务，正是为了获客与黏客，从而扩大市场，扩大收入来源，最终使利润增加。换句话说，利润只是优质文明规范服务的结果。

159 连续两年年度不良贷款率及不良贷款余额控制在上级行要求的指标内。

标准示范：

支行近年不良贷款率
及不良贷款情况表

2020 年 1 月 15 日 （公章）

项目 时间	贷款余额 （亿元）	不良贷款余额（亿元）	不良贷款率（%）	备注
2016 年	178.53	0.35	0.19	
2017 年	203.19	0.34	0.17	
2018 年	248.63	0.33	0.13	
2019 年	266.58	0.3②	0.11①	

连续两年年度不良贷款率及不良贷款余额控制在上级行要求的指标内，并实现了"双降"

分值： 4 分。

分值分布（分）：

（1）连续两年年度不良贷款率控制在上级行要求的指标内（2）；

（2）连续两年年度不良贷款余额控制在上级行要求的指标内（2）。

考评方法： 查阅两个年度的资产负债表等。

扣分点：（1）（2）。

以往扣分情况如下：

（1）未连续两年将年度不良贷款率控制在上级行要求的指标内；

（2）未连续两年将年度不良贷款余额控制在上级行要求的指标内。

温馨提示

　　银行网点应善于利用本行大数据和风险防范系统进行风险硬控制，严把质量关。若系统对某些业务提出了风险预警，则要高度重视，通过系统硬控制而停止交易。如此这般，想办法将不良贷款率及不良贷款余额控制在上级行要求的指标内。

本模块由公众教育和社会责任履行两部分组成，共 9 条。主要引导网点在创造价值、产生经济效益后要履行好社会责任，解决网点乃至一家银行的可持续发展问题。因为履行好社会责任就是在更广泛的领域服务社会、服务客户，也是国家、社会、银行目标利益的高度融合，是银行网点可持续发展的必然选择。本模块共 50 分，各部分分值详见下表。

社会责任（50 分）	
9.1 公众教育	20 分
9.2 社会责任履行	30 分

9.1　公众教育

主要标准与分值

公众教育（20 分）		
160	明确本网点公众教育工作计划及目标，并纳入本单位年度工作计划。	6
161	宣传金融知识，提示银行理财、外汇等常见投资品风险防范须知，持续提高消费者识别和防范金融风险的能力。	5
162	配合监管机构、行业协会开展集中式的宣传教育活动，提升宣传教育的时效性，扩大集中式宣教活动影响力。	5
163	开展常态化的宣传教育活动，增强广大消费者识别非法金融业务、非法金融活动和防范不法侵害的能力。	4

160 明确本网点公众教育工作计划及目标，并纳入本单位年度工作计划。

标准示范：

分值：6分。

分值分布（分）：

（1）明确本网点公众教育工作计划及目标（4）；

（2）纳入本单位年度工作计划（2）。

考评方法：查阅公众教育相关制度、总结等。

扣分点：（2）。

以往扣分情况如下：

（2）公众教育未纳入网点年度工作计划。

温馨提示

银行网点应按照监管机构规定和行规行约，建立健全公众教育服务长效机制，对本单位公众教育工作进行统筹规划，明确工作目标及职能分工，按计划开展公众教育工作，丰富广大客户的金融知识与自助服务技巧等。

161 　宣传金融知识，提示银行理财、外汇等常见投资品风险防范须知，持续提高消费者识别和防范金融风险的能力。

标准示范：

分值：5 分。

分值分布（分）：

（1）宣传金融知识（2.5）；

（2）提示银行理财、外汇等常见投资品风险防范须知（2.5）；持续提高消费者识别和防范金融风险的能力。

考评方法：现场观察，查阅相关制度和宣传资料、影像资料记录等。

扣分点：无。

以往扣分情况如下：

无。此条在历次考评中未扣过分。

温馨提示

　　银行网点要大力宣传介绍银行产品和服务项目，真诚为广大消费者服务。同时，还要宣传投资理财、外汇业务、银行卡、电子银行、手机银行等安全办理和使用知识。并明确提示银行理财、外汇投资风险，提高投资人风险意识，持续提高消费者识别和防范金融风险的能力，尽量减少消费者所承受的风险。尊重消费者知情选择权，在收益与风险信息对称的前提下，由消费者自主决定收益与风险的匹配。

162 　　配合监管机构、行业协会开展集中式的宣传教育活动，提升宣传教育的时效性，扩大集中式宣教活动影响力。

标准示范：

贯彻中国银保监会"金融知识进万家"精神要求，将银行金融知识送进千家万户

落实中国银行业协会"金融知识万里行"活动要求，开展集中式规模化的宣传教育活动

分值： 5 分。

分值分布（分）：

（1）配合监管机构、行业协会（3）；

（2）开展集中式的宣传教育活动，提升宣传教育的时效性，扩大集中式宣教活动影响力（2）。

考评方法： 调阅相关活动记录与影像资料等。

扣分点： 无。

以往扣分情况如下：

无。此条在历次考评中未扣过分。

🔵 温馨提示

开展金融知识进万家和万里行活动方法，一是"进万家"由网点员工将金融知识送进政府机关、学校社区、公司企业和千家万户；"万里行"将金融知识普及到大街小巷、市场、商场、田间地头，开展规模化集中式宣传教育活动，从大面上推动金融知识的普及教育。二是利用手机银行、微信银行、短信提示等渠道送达客户手中。三是当客户来银行办理业务时将金融知识带回家。为此，网点可以将金融知识制作成卡通动画片在公众教育区循环播放。同时在公众教育区配备数量充足的公众教育读物和金融知识普及读物，有的公众教育读物可制作成卡片或小折页，在办业务时送给客户或由客户自由取阅，可带走，网点随时补充。如下图所示。

163 开展常态化的宣传教育活动，增强广大消费者识别非法金融业务、非法金融活动和防范不法侵害的能力。

标准示范：

分值：4 分。

分值分布（分）：

（1）开展常态化的宣传教育活动（2）；

（2）增强广大消费者识别非法金融业务、非法金融活动和防范不法侵害的能力（2）。

考评方法：查阅相关宣传教育活动方案，以及影像资料等。

扣分点：（1）。

以往扣分情况如下：

（1）不重视宣传教育，未开展常态化的宣传教育活动。

温馨提示

　　银行网点应积极与监管、人民银行、上级行、社区街道、政府机关、学校、乡村等相关机构合作，开展常态化的宣传教育活动，并针对不同目标群体，通过不同宣教渠道有针对性地制订活动方案，积极组织实施，不断增强消费者识别非法金融业务、非法金融活动和防范不法侵害的能力。要做好资料积累与保存，不断提高与创新。

9.2 社会责任履行

主要标准与分值

	社会责任履行（30分）	
164	以网点所能承受的资源配给，为公共服务事业提供便利和公益服务。	4
165	落实国家政策，积极支持绿色信贷、节能环保、普惠金融、涉农项目、科技创新型企业、养老金发放、个人助业、个人助学、保障性住房、消费贷款、地区扶贫等至少三类项目。	9
166	积极支持环境保护事业，以绿色运营的实际行动降低自身对环境资源的影响，通过开辟专栏等不同形式，宣传低碳、环保、节能等生活常识。	5
167	积极支持公益、慈善事业，组织开展扶贫帮困、社会志愿者服务、助老助残、助学支教、无偿献血、送温暖工程等至少两类相关公益活动。	6
168	发生特大灾害事件，开辟赈灾绿色通道，优先办理救灾相关业务，按有关监管规定，全力保障救灾资金汇拨、现金提取、救灾信贷等各项金融服务需求。	6

164 以网点所能承受的资源配给，为公共服务事业提供便利和公益服务。

标准示范：

分值： 4 分。

分值分布（分）：

（1）以网点所能承受的资源配给，为公共服务事业提供便利（2）；

（2）以网点所能承受的资源配给，为公共服务事业提供公益服务（2）。

考评方法： 查看公益慈善相关活动资料与记录等。

扣分点：（2）。

以往扣分情况如下：

（2）未能给公共服务事业提供公益服务。

> **温馨提示**
>
> 　　银行网点应在所能承受的范围内参与公共服务事业建设和公益服务。一方面是履行社会责任，另一方面是在社会上树立良好的口碑。通过口口相传，获得市场认可，从而吸引客户，获得客户。

165 落实国家政策，积极支持绿色信贷、节能环保、普惠金融、涉农项目、科技创新型企业、养老金发放、个人助业、个人助学、保障性住房、消费贷款、地区扶贫等至少三类项目。

标准示范：

"绿色信贷"：银行信贷新亮点

小微快贷　普惠·连接

中国农业银行　金穗惠农通

区块链　Block Chain
银行支持科技创新企业发展

工商银行养老金发放窗口

赢·天下　助业贷款

个人助学贷款

临沧市人民政府　国家开发银行云南省分行
保障性住房建设战略合作协议
签字仪式

消费贷　金融扶贫　老乡奔小康
脱贫攻坚

分值：9分。

分值分布（分）：

（1）落实国家政策，积极支持绿色信贷、节能环保、普惠金融、涉农项目、科技创新型企业、养老金发放、个人助业、个人助学、保障性住房、消费贷款、地区扶贫等至少三类项目（9）。（不足三类不得分）

考评方法：查看相关制度与项目资料及实施情况等。

扣分点：无。

以往扣分情况如下：

无。此条在历次考评中未扣过分。

> **温馨提示**
>
> 　　银行网点在上述绿色信贷、节能环保、普惠金融、涉农项目、科技创新型企业、养老金发放、个人助业、个人助学、保障性住房、消费贷款和地区扶贫等项目中至少应做好三类项目方可得到9分，仅有一项或两项，则1分都得不到。尤其是在支持节能环保、普惠金融、地区扶贫等方面要积极参与，做出实效。行业标准鼓励银行网点做上述项目，一方面是在引导银行履行好社会责任，另一方面也是促进网点树立良好的社会形象和口碑，为获客做铺垫。

166　积极支持环境保护事业，以绿色运营的实际行动降低自身对环境资源的影响，通过开辟专栏等不同形式，宣传低碳、环保、节能等生活常识。

标准示范：

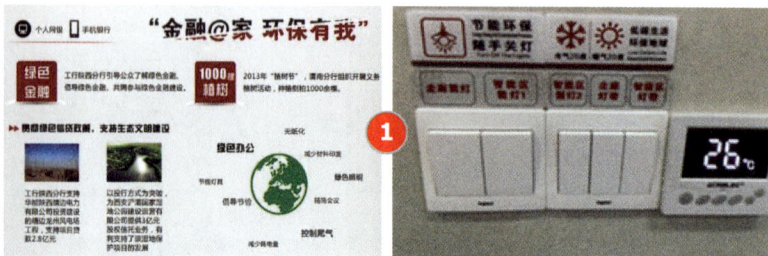

分值：5 分。

分值分布（分）：

（1）积极支持环境保护事业，以绿色运营的实际行动降低自身对环境资源的影响（3）；

（2）通过开辟专栏等不同形式，宣传低碳、环保、节能等生活常识（2）。

考评方法：现场观察，查阅相关绿色金融资料、记录等。

扣分点：无。

以往扣分情况如下：

无。此条在历次考评中未扣过分。

> 温馨提示
>
> 　　银行网点应积极支持环境保护事业，尤其信贷投放要遵守国家的产业政策，严格限制对"两高一剩"行业贷款，以绿色运营的实际行动支持环保事业。在生产经营、生活工作中要尽量降低自身对环境资源的影响，如绿色出行，节约用电，节约用水，节约用纸，空调定在环保要求的 26 摄氏度，垃圾分类等。同时，通过开辟专栏或屏幕显示等不同形式，宣传低碳、环保、节能等生活常识，勇于担当社会责任。

167 积极支持公益、慈善事业，组织开展扶贫帮困、社会志愿者服务、助老助残、助学支教、无偿献血、送温暖工程等至少两类相关公益活动。

标准示范：

分值： 6分。

分值分布（分）：

（1）积极支持公益、慈善事业，组织开展扶贫帮困、社会志愿者服务、助老助残、助学支教、无偿献血、送温暖工程等至少两类相关公益活动（6）。（不足两类不得分）

考评方法： 查看公益慈善相关活动资料与记录等。

扣分点：（1）。

以往扣分情况如下：

（1）支持公益、慈善事业建设不力；一年内扶贫帮困、社会志愿者服务、助老助残、助学支教、无偿献血、送温暖工程等公益活动象征性地搞过一类活动，有的一类都未搞过。

> **温馨提示**
>
> 　　银行网点应积极支持并参与公益、慈善事业，组织开展扶贫帮困、助老助残、助学支教、无偿献血、送温暖工程等相关公益活动。银行要以金融的特定形式积极支持国家打赢脱贫攻坚战，网点在其中一定要做些力所能及的事情。同时号召员工采取不同形式参与社会志愿者服务活动，这是培养爱心与善心之举，可培育员工大爱、博爱思想，进而友善真诚服务客户。

168　发生特大灾害事件，开辟赈灾绿色通道，优先办理救灾相关业务，按有关监管规定，全力保障救灾资金汇拨、现金提取、救灾信贷等各项金融服务需求。

标准示范：

发生特大灾害事件，赈灾通道自然启动，优先办理赈灾金融业务

支行关于开辟赈灾绿色通道的规定

为提救灾赈灾提供更为高效的服务，特制定本规定。

1. 在遇到救灾的特殊时期，网点应开设赈灾捐款绿色通道窗口，全力保障救灾资金汇拨、现金提取、救灾信贷等各项金融服务需求。

2. 对于要向指定赈灾账户汇款的客户，无条件为其提供方便，不得以任何理由推诿。

3. 在重大灾情发生时期，网点要在显眼处显示政府指定的捐款账号和户名，协助客户办理转账、捐款、汇款等业务。

4. 网点应对赈灾性质的转账汇款不得收取任何费用。

做好救灾工作的紧急通知

各支行营业室：

　　为了全面战胜灾情，各支行营业室要迅速启用救灾绿色通道，对救灾资金汇划、提现等事宜实行"优先办理"，对救灾授信需求"优先审批"，执行合规审查一次性作业。保证各项救灾资金第一时间办理、适时到达

分值：6分。

分值分布（分）：

（1）发生特大灾害事件，开辟赈灾绿色通道（2）；

（2）优先办理救灾相关业务（2）；

（3）按有关监管规定，全力保障救灾资金汇拨、现金提取、救灾信贷等各项金融服务需求（2）。

考评方法：查看网点赈灾规定、赈灾活动记录、影像资料等。

扣分点：无。

以往扣分情况如下：

无。此条在历次考评中未扣过分。

> **温馨提示**
>
> 在发生特大灾害事件后，处于灾区的银行网点首先要尽快恢复正常运营，并迅速开辟赈灾绿色通道，优先办理救灾相关业务。非灾区的银行网点也应在第一时间迅速开辟赈灾绿色通道，优先办理救灾相关业务。按有关监管规定，全力保障救灾资金汇拨、现金提取、救灾信贷等各项金融服务需求。此外，对个人向灾区专用账户捐款可实行免收手续费、电子汇划等相关费用。
>
> 针对此次"新型冠状病毒肺炎"（COVID－19）疫情，人民银行、银保监会、中国银行业协会都已下发明文，"疫情就是命令，防控就是责任"，要求银行行动起来，积极抗击疫情。中国银行业协会于2020年1月27日面向所有银行单位发出倡议书《以优质快捷高效的金融服务，助力疫情防控》，要求银行业金融机构提高政治站位，把疫情防控工作当作当前的重要工作来抓，加大信贷支持力度，全力服务疫情防控，及时提供优质快捷高效的金融服务，向重点疫区献爱心；做好安全防护，关爱客户和员工。网点迅速行动起来，积极抗击疫情。认真贯彻党中央，以及人民银行、银保监会和银行业协会的文件要求，捐资捐款，适时划拨救灾资金。截至2020年3月20日银行业金融机构已捐款12.36亿元，抗击疫情信贷支持达1.4万亿元。网点积极开展抗击疫情金融服务工作，直到彻底战胜疫情。

附件 1

打造品牌网点需要建立健全的相关制度清单

1.1 中国银行业柜面服务规范

1.2 营业网点物理渠道环境规范管理实施细则

2.1 中国银行业文明服务公约

2.2 营业网点环境卫生管理实施细则

3. 文明规范服务工作制度

4.1 营业网点客户服务管理基本规定

4.2 营业网点特殊群体服务管理细则

4.3 银行无障碍环境建设标准

6. 营业网点厅堂布局环境规范化指引

8. 营业网点形象管理办法

9. 文明规范服务工作制度

12. 个人金融专业产品销售专区录音录像管理办法

13. 银行业金融机构销售专区录音录像管理暂行规定

18. 营业网点自助机具（含智能设备）管理制度

21. 中国银行业文明规范服务工作指引

22. 银行业金融机构人民币冠字号码查询解决涉假纠纷工作指引

24. 营业网点大堂服务管理细则

29. 营业网点电子回单管理办法

30. 网点便民服务设施管理办法

31. 营业网点无线上网服务办法

32. "七不准、四公开"规定

33. 银行业消费者权益保护工作指引

35.1 商业银行服务价格管理办法

35. 2 商业银行服务收费国家定价、政府指导价、市场调节价目录

37. 中间业务定价管理细则

39. 个人金融专业产品销售专区录音录像管理实施细则

42. 消防安全管理细则

44. 加强自助银行和自动柜员机安全管理办法

45. 网点自助、智能机具管理办法

46. 金融许可证、营业执照

53. 网点排队与分流管理指引

54. 营业室大堂服务管理细则

55. 营业室岗位联动管理制度

57. 营业室营业窗口设置规定

59. 1 营业网点自助设备管理制度

59. 2 营业网点自助机具吞卡、钞应急制度

60. 1 人民币银行账户管理办法

60. 2 营业部银企对账实施细则

60. 消费者权益保护实施细则

62. 1 商业银行服务价格管理办法

62. 2 国家发展改革委　中国银监会关于印发商业银行服务政府指导价政府定价目录的通知

63. 1 中华人民共和国消费者权益保护法

63. 2 客户信息保护制度

64. 1 中华人民共和国征信业管理条例

64. 2 个人信用信息基础数据库商业银行用户管理办法（暂行）

64. 3 关于在服务收费方面给消费者以充分知情选择权的自律要求

64. 4 支行个人征信管理制度

65. 1 关于加强银行服务收费自律工作的六点共识

65. 2 公平对待消费者自律公约

66. 关于严格规范经营、有效服务实体经济的要求

67. 关于在服务收费方面给消费者以充分知情选择权的自律要求

68. 营业部理财产品与代销产品管理规定

71. 营业部个人金融业务"特事特办"服务实施细则

72. 营业部军人优先服务制度

74. 1 关于进一步完善残障人士银行服务的自律要求

74. 2 中国银行业电子渠道无障碍服务建设自律指引

75. 营业部特殊客户群体服务管理细则

76. 1 无障碍环境建设条例

76. 2 关于进一步改进无障碍银行服务的自律约定

77. 营业部"特事特办"服务工作规程

78. 营业网点员工妆容、着装等管理规定

82. 中国银行业文明服务实施细则

87. 消费者权益保护实施细则

88. 营业部岗位设置与劳动组合实施细则

89. 银行业营业网点文明规范服务评价指标体系和评分标准（2019 版）

90. 个人客户经理管理办法

91. 营业网点特殊语种专人专管制度

92. 中国银行业营业网点大堂经理服务规范

94. 营业网点电信诈骗犯罪处置预案

97. 营业网点晨会管理实施细则

99. 银行业金融机构消费者权益保护工作考核评价办法

100. 营业室第三方驻点服务人员管理办法

101. 网点安保、保洁人员管理规定

104. 中国银行业营业网点大堂经理服务规范

105. 营业室大堂服务规范管理细则

114. 营业网点客户服务管理实施细则

123. 理财产品合规销售管理办法

124. 1 关于加强银行理财产品销售自律工作的十条约定

124. 2 加强个人客户经理合规行为管理意见

125. 中国银行业自律公约及实施细则

126. 中国银行业营业网点服务突发事件应急处理工作指引

127. 电子档案管理办法

128. 1 中国银行业文明规范服务工作指引（试行）

128. 2 支行营业室岗位责任制

附件 2

百佳、千佳、星级网点申报与评审一般流程

一、机构定位分工

中国银行业协会（以下简称中银协）是中国银行业营业网点文明规范服务百佳和千佳示范单位，以及星级管理工作的领导机构。负责文明规范服务示范单位创建评选和星级银行网点评定工作的总体设计、考核评价体系制定、比例控制及定级命名；负责制订年度评选工作方案，审核网点推荐申报材料，开展网点检查测评，审定网点名单，规范网点牌匾统一样式，开展网点日常监督、动态管理及推广交流等工作。

商业银行总行是营业网点示范单位和星级管理工作的系统组织机构。负责配合中银协制定网点评价体系，制订系统内评定实施方案和考核激励机制，推动辖内机构持续提升文明规范服务工作水平，商业银行分支机构负责组织辖属营业网点参加示范单位和星级网点申报工作，配合中银协开展网点检查考核和达标测评，对系统内网点进行日常监督及动态管理，收集整理评定工作意见和建议，在系统内开展示范单位、星级网点创建工作经验的交流传播。

地方银行业协会是营业网点示范单位和星级管理工作的联动机构。负责制订并组织实施本地区评定工作方案、名额分配计划和评定流程，同时报中银协备案；根据中银协授权，按照中银协评定工作方案和要求，负责本地区网点推荐工作，组织辖内营业网点自荐申报，开展网点候选单位检查考核，向中银协推荐网点候选单位并报送申报材料，配合中银协开展网点达标测评，统一管理网点牌匾制作、悬挂，对辖内网点进行日常监督及动态管理，并负责收集整理示范单位和星级评选工作意见。

二、示范单位与星级网点申报资格

（一）申报星级银行网点应同时具备的条件

1. 商业银行辖属单点式营业网点。

2. 经监管部门批准取得金融许可证和营业执照，具有独立经营场所的营业网点。

3. 正式营业两年以上。

（二）申报千佳银行网点应同时具备的条件

1. 商业银行辖属单点式营业网点。

2. 经监管部门批准取得金融许可证和营业执照，具有独立经营场所的营业网点。

3. 正式营业两年以上。

4. 全国银行业五星级银行营业网点。

（三）申报百佳银行网点应同时具备的条件

1. 商业银行辖属单点式营业网点。

2. 经监管部门批准取得金融许可证和营业执照，具有独立经营场所的营业网点。

3. 正式营业两年以上。

4. 全国银行业千佳银行营业网点。

三、银行网点自荐申报

具备星级网点申报资格、自测达标的营业网点，自愿逐级向当地银行业协会填报《＿＿＿＿＿＿申报表》等申报材料。网点所在省、自治区、直辖市或计划单列市的最高一级管辖机构负责审核申报网点违法、违规、违纪情况，出具对申报网点的管理、服务、业绩，以及网点主要管理人员廉洁自律、合规经营的总体评价材料。若是申报全国银行业文明规范服务百佳或千佳示范单位，则需要申报银行网点所在省、自治区、直辖市或计划单列市银监局出具的当年合规性审核意见。

四、地方银行业协会考评审核

地方银行业协会组织辖内考核验收组，统一组织对申报网点进行考核评价，并定期完成以下相关工作：

（一）统一组织对申报网点进行检查考核，以实地检查工作评价结果为基础，科学评定参评网点的文明规范服务工作水平，确保推荐网点考核达标，并具有相应层级的代表性和示范性。

（二）考核验收的具体内容统一为中银协的《中国银行业营业网点文明规范服务考核评价体系（CBSS1000 3.0)》，检查方式有现场检查与非现场检查。现场检查采取公开检查、员工问答等形式；非现场检查采用座谈交流、查验材料、调阅监控录像等形式。

（三）检查组一般由商业银行文明规范服务管理工作专业人员组成，每个检查组一般不少于 3 人。

（四）地方银行业协会一般按照中银协分配的数量，并结合该单位践行服务相关行规行约情况，确定本地区当年推荐名单。

（五）地方银行业协会按照名额分配数量，提请地方银行业协会理事会审议当地当年文明规范服务百佳，或千佳，或星级营业网点候选单位名单。

五、中银协资格审定

中银协将各地方银行业协会推荐的中国银行业文明规范服务百佳或千佳示范单位，或星级营业网点名单提交给各总行，并就申报候选单位名单听取该单位所属总行意见。

六、中银协巡检

中银协一般采取现场检查与非现场检查相结合的方式，对地方银行业协会推荐的申报单位统一进行巡检。现场检查采取公开检查、员工问答等形式；非现场检查采用座谈交流、查验材料、调阅监控录像等形式。检查的具体内容仍然是《中国银行业营业网点文明规范服务考核评价体系（CBSS1000 3.0)》。

七、中银协考评审议

根据候选单位申报、地方银行业协会推荐、总行复审意见、巡检等情况的综合评价，提交中银协自律工作委员会审议，最终审定百佳，或千佳，或一星至五星级网点名单。

八、颁奖表彰

中银协印发表彰决定，通过网站、报刊等媒体向银行业内和社会进行公告，组织开展文明规范服务百佳或千佳示范单位，或星级银行网点授牌表彰活动，并颁发证书。

九、动态管理

百佳、千佳有效期都是 4 年，百佳、千佳牌匾上有服务监督电话。在有效期内若发生重大恶性事件，造成银行资产或声誉重大损失的将进行摘牌处理。有效期过后可重新参与申报评选。

星级网点实行年度申报、年检审核。星级网点经年检或抽查合格长期有效。中银协对星级网点进行动态管理。已命名的星级网点，根据服务提升情况，在符合评定条件的基础上，在评定年度按规定申报流程，可逐级向上申报星级。已命名的星级网点，对于发生下列违法、违规、违纪事件或文明规范服务工作水平明显下滑或重大负面影响的星级网点进行降级或摘牌，并在业内通报：

1. 中银协巡检环节考核评价不合格或未达到相关要求的；

2. 网点和从业人员发生违法、违规、违纪行为，被有关部门查处的；

3. 发生被银行监管部门确认案件的；

4. 高管人员被监管机构处罚的；

5. 发生 50 万元以上（含）资产损失事件的；

6. 发生重大责任事故、业务差错、经营风险等，造成严重损失，被上级单位或有关部门查处的；

7. 发生服务质量的重大投诉，或被新闻媒体曝光，造成严重负面影响，经调查情况属实的。

被降级的网点两年内不得升级。被取消命名的网点，4 年内不得申报星级网点。

附件 3

关键数字检索

1——5. 24 小时自助服务区域与营业厅内部连通或在同一建筑内。

1——14. 贵宾服务区域相对独立、布局合理、功能齐全、温馨舒适、格调优雅，实现一对一专属服务，客户体验良好。

1——21. 24 小时自助服务区域配备数量满足客户需求、具备存取款功能的自助设备（其中至少有一台为存取款一体机），一台（含）以上具有缴费、补登折等至少一种功能的自助设备。

1——23. 客户进入 24 小时自助服务区域或使用自助机具时，通过屏显或语音适时进行安全、免责及风险等提示。24 小时自助服务区域设置一米线和机具遮挡板等安全防护设施，或设置防护舱。

1——35. 在营业厅、贵宾及 24 小时自助服务区域显著位置通过至少一种方式，向客户公示本区域常用服务价格及免费服务项目表，标识醒目，中英文对照，字体清晰，便于查阅。

1——75. 设置至少一种便于视力障碍客户办理业务的服务设施，保障客户顺利办理业务。

1——78. 员工着装规范、统一、整洁，妆容、发式、饰物、鞋袜等不夸张，符合本行上岗规范；统一佩戴工作胸牌或摆放中英文服务公示牌（或电子显示屏），并明示本行标识（如佩戴行徽），以及员工工号或姓名。

1——111. 客户在办理业务时，员工及时劝导、避免其他客户进入一米以内距离区域的围观、等候行为（同行人员需征得客户同意），有效保护客户隐私，维护营业秩序。

2——51. 为客户提供移动金融、快捷支付、电商平台等至少两种互联网金融服务。

2——107. 大堂服务人员主动进行二次分流，及时响应并解决客户诉求，提供必要的安抚服务，预防投诉发生。

2——119. 贵宾服务区域常备至少 2 种饮品，工作人员主动询问客户饮品需求。

2——135. 对客户意见簿上的意见 24 小时内响应，对留有电话信息的客户在规定时间内予以回复、回访。客户意见簿真实完整记录客户意见及回复信息，页码连续、格式规范；按年保管，两年以内的意见簿可随时调阅。

2——155. 连续两年网点业务规模（对公及对私存款日均余额、对公及对私客户数量）、重要产品营销能力（至少两种），在上一级管辖行系统内排名前列。

2——156. 连续两年完成上级行下达的存款（对公、对私）、贷款（对公、对私）、中间业务收入、营业收入、净利润等主要业务经营指标。

2——157. 连续两年电子银行总体业务分流率达到 80% 以上。

2——158. 连续两年年人均综合经营税后利润达到 50 万元以上。

2——159. 连续两年年度不良贷款率及不良贷款余额控制在上级行要求的指标内。

2——167. 积极支持公益、慈善事业，组织开展扶贫帮困、社会志愿者服务、助老助残、助学支教、无偿献血、送温暖工程等至少两类相关公益活动。

3——63. 贯彻落实客户信息保护内控制度，妥善保管客户资料，尊重客户隐私权；除有权机关要求按照法律法规规定的程序提供客户信息外，未经消费者授权，不得向第三方机构或个人提供消费者的姓名、证件类型及证件号码、电话号码、通信地址及其他敏感信息。

3——165. 落实国家政策，积极支持绿色信贷、节能环保、普惠金融、涉农项目、科技创新型企业、养老金发放、个人助业、个人助学、保障性住房、消费贷款、地区扶贫等至少三类项目。

4——32. 在网点内公示营业执照、金融许可证，并在显著位置醒目公示"七不准、四公开"等监管机构要求公示的内容。

5——16. 在电子银行区域提供预处理、自助开户、远程银行、自助缴费、自助转账、自助理财、自助结售汇、自助外币兑换、无卡取款、自助账单打印等至少五种电子银行服务功能。

6——30. 配备六种（含）以上常用便民服务设施；配备便于客户使用的饮水及设施、用具，干净卫生，数量充足；适当位置设置碎纸设备或废弃凭条回收设施，及时清理，方便客户使用。

24——1. 网点外部设置门楣招牌、机构名称牌、营业时间牌（区分工作日和节假日、对公与对私业务）、24 小时自助服务标牌和外币兑换标识，位置醒目，制作规范，中英文对照。

24——6. 网点设置提供现金、非现金、理财（代销）产品销售、电子银行、24 小时自助服务、客户等候、贵宾服务、公众教育等服务的区域，布局合理。

24——20. 在营业厅和 24 小时自助服务区域明显位置设置便于客户使用的免拨直通客服电话，提供中英双语服务，标识醒目，操作流程图简明易懂且内容与实际相符。

24——44. 24 小时自助服务区域内每台具备存款、取款、转账功能的自助机具设置应急呼叫装置（按钮），位置合理，标识醒目，响应及时。

24——59. 有必要的监测设施与手段对 24 小时服务区域内的设备运行情况实施监测，确保加装钞及时、响应客户应急需求（吞卡、钞）及时。

24——112. 营业结束后，网点及时关闭非 24 小时值机设备电源。

25——89. 配备至少两名大堂经理等服务引导人员，并能保证营业时间始终在岗；定编超过 25 人的网点有相当于网点副职级别的大堂服务人员承担现场服务管理职责。

参考文献

［1］中国银行业协会．关于印发《银行业营业网点文明规范服务评价指标体系和评分标准》（2019版）的通知［Z］．2019－04－03．

［2］中国银行业协会．关于印发《银行业营业网点文明规范服务评价指标体系和评分标准》团体标准的通知［Z］．2018－05－22．

［3］中国银行业协会．关于印发《银行业营业网点文明规范服务评估工作管理办法》的通知［Z］．2018－05－23．

［4］中国银行业协会．银行无障碍环境建设标准［Z］．2018－06－01．

［5］中国银行业协会．中国银行业营业网点文明规范服务考核评价体系（CBSS1000 3.0）［Z］．2017－05－24．

［6］中国银监会．银行业金融机构销售专区录音录像管理暂行规定［Z］．2017－08－29．

［7］中国银监会．银行业金融机构消费者权益保护工作考核评价办法［Z］．2016－09－14．

［8］周永发．服务创造价值：服务提升银行网点竞争力［M］．北京：中国金融出版社，2016．

［9］陈石：风景线——银行网点设计布局范例［M］．内部资料．

［10］周鸿祎．我的互联网方法论［M］．北京：中信出版社，2014．

［11］湖北省农村信用社联合社．营业网点文明规范服务手册［M］．2014．

［12］［美］扬米·穆恩．哈佛最受欢迎的营销课——如何打出脱颖而出的品牌［M］．王旭，译．北京：中信出版社，2012．

［13］［美］克里斯托夫·H. 洛夫洛克．服务营销（第三版）［M］．陆雄文，庄莉，主译．北京：中国人民大学出版社，2001．

致　　谢

　　首先，感谢中国银行业协会和中国银行业协会自律工作委员会，感谢各会员银行及省（自治区、直辖市）银行业协会，感谢中国银行业协会自律部全体同仁及各行服务专家。在中国银行业协会的领导和中国银行业协会自律工作委员会的正确决策下，我和自律部同仁及各行服务专家共同起草修订了《中国银行业营业网点文明规范服务考核评价体系（CBSS1000）》，并不断进行版本升级。难忘和我的同仁们共同工作的每个日子，我感谢他们，这是我一直以来想写本书的缘由之一。十年来，百佳、千佳和星级网点等品牌引领着银行网点不断改进服务和提升竞争力，甚至引领了社会服务行业的文明进步，其建设历程应该以某种文字形式记载下来，我和我的团队也为之倾注了那些岁月所有的心血，这是我决心写本书的缘由之二。

　　其次，要感谢全行业众多银行网点积极参加百佳、千佳和星级品牌网点的创建工作，是它们的积极参与，才培育和锻造出了这个品牌，创造了银行和社会的双重价值，以下这些"百佳"等品牌网点就是它们中的佼佼者。在本书的写作过程中得到了这些网点负责人和员工的大力支持，在这里我必须逐一表示谢意。它们是中国工商银行北京海淀西区支行营业室、北京广安门支行营业室、太原五一路支行营业室、呼和浩特明珠支行营业室、哈尔滨田地支行营业室、哈尔滨开发区支行营业室、扬州分行营业部、上海分行营业部、苏州高新技术产业开发区支行营业部、济南大观园支行、郑州郑花支行、武汉汉阳支行营业室、武汉十九街支行、广州一支行、海口国贸支行营业部、成都高新技术产业开发区支行营业部、成都春熙支行营业室、重庆三峡广场支行、昆明南屏支行营业室、贵阳云岩支行营业厅、西安太华路支行；中国农业银行厦门市分行营业部、重庆江北支行营业部、苏州工业园区支行营业部；中国银行北京分行营业部、河南省分行营业部、湖南省分行营业部、重庆江北支行营业部；中国建设银行贵阳河滨支行、沈阳融汇支行营业室、浙江南浔支行、厦门城市建设支行、郑州自贸区分行营业部；交通银行北京林萃路支行营业室、西单支行营业室、河北省分行营业部、太原高新区支行、沈阳南塔支行、上海浦东分行营业部、山东省分行营业部、常德分行营业部、重庆江北支行营业厅、重庆东和春天支行、贵阳观山湖支行、贵阳瑞北支行、延安分行营业部、青海省分行营业部；中国邮政储蓄银行黔东南州分行营业部；中信银行北京分行营业部、浙江台州分行营业部、杭州萧山支行、沈阳北站支行、郑州郑汴路支行、重庆分行营业部、贵阳分行营业部；招商银行沈阳经济技术开发区支行、哈尔滨分行营业部、西安城南支行；浦发银行北京分行营业部、上海第一营业部、南京城中支行、南昌分行物华支行、贵阳分行营业部；华夏银行北京分行营业部、太原桃园南路支行、温州谢池支行、昆明高新支行；民生银行北京分行营业部、重庆分行营业部；中国光大银行南宁分行营业部；兴业银行哈尔滨分行营业部；恒丰银行杭州分行营业部、苏州分行营业部、西安分行营业部；广发银行济南分行营业部；北京银行济南分行营业部；江苏银行无锡分行营业部；富滇银行昆明岔街支行；重庆银行营业部；兰州银行营业部；温州龙湾农商银行。

感谢优秀的全国明星大堂经理们，他（她）们是网点大厅的精灵，他（她）们以优良品格、专业素养和微笑服务率先接触客户，给了客户亲切的好印象。他（她）们文明规范、热情周到、专业到位的服务为网点增添了风采，在客户中树立了口碑，为网点获客、黏客和活客作出了杰出贡献。历届全国明星大堂经理中的"财富之星""魅力之星""微笑之星"和"亲善之星"更是明星中的明星，他（她）们的诞生每届都经历了"魔鬼"式的训练，凤凰涅槃，终生难忘。他（她）们对本书的写作作出了积极的贡献，我要一一感谢的是中国工商银行内蒙古呼和浩特市明珠支行董婷、中国建设银行山东济宁高新支行张烨和郑州自贸区分行营业部杜颜君、浦发银行上海第一营业部孙敏和郑州分行营业部张悦、兰州银行营业部王小瑜、云南农信社昆明官渡农合银行陈罂杰、山西省农村信用社王琦、大连银行第一中心支行毕少康、华融湘江银行陈柔汕、招商银行上海分行晨晖支行王奕、兴业银行广西柳州支行王馨妮，以及湖北省农村信用社联合社的大堂经理等。也要感谢书中众多理财经理、柜台员工的支持。

还要特别感谢中国残联副主席吕世明、中国盲人协会主席李伟洪和北京市东城区盲人协会主席陈燕，他们亲自参与和体验了网点服务，并指导了网点特殊群体客户服务和无障碍服务，使网点特殊群体客户服务和无障碍服务水平有了大幅提升，在这方面为本书增添了不少素材与光彩。

最后，感谢中国金融出版社对本书出版发行的大力支持，特别是刘钊主任、曹亚豪和吕颖等亲自为本书进行编辑与设计，投入了相当多的精力和心血，在此表示诚挚的谢意。